錢基博著

經學通志

中華書局印行

自序

余嘗讀唐陸元朗德明經典釋文，敍經學源流，文少波瀾，未足以發人意；又恨其記載疏舛，於魏晉以下不詳。後清儒江藩鄭堂紹述其意，作經師經義目錄則又膠於門戶，特以清儒承漢學而攭唐宋於不論不議，學術流變之迹因以不明！爰輯舊聞篝為是志。無錫錢基博

二

經學通志目錄

目錄

一

二

經學通志

總志第一

說文：「經，織也。」玉篇：「經緯以成繒布也」借以為經綸天下之意易屯卦象曰：『雷震屯君子以經綸』周禮天官太宰『以經邦國』注『經，灋也王謂之禮經，常所秉以治天下也邦國官府謂之禮灋常所以守為灋式也常者其上下通名』釋名：『經徑也如徑路無所不通可常用也』此經之義也然古無經之名伏羲神農黃帝之書謂之三墳言大道也。少皥顓頊高辛唐虞之書謂之五典言常道也。虞夏商周雅誥奧義其歸一揆八卦之說謂之八索求其義也九州之志謂之九邱邱聚也言九州所宜土地所生風氣所宜皆聚此書也周官外史『掌三皇五帝之書』大都不離所謂墳典者近是。楚左史倚相能讀三墳五典八索九邱學士大夫所誦習者此耳時尚未有經名禮記王制『樂正崇四術立四教順先王詩書禮樂以造士』亦不聞稱

詩書禮樂曰『四經』也。經之名見於國語『挾經秉抱。』而孝經鉤命決引孔子曰：『吾志在春秋行在孝經』莊子天運篇載『孔子謂老聃曰：『吾治詩書易禮樂春秋六經以爲文。』六經之名始此然此之所謂六經，卽後世之九經蓋禮經統三禮，春秋統三傳而樂經亡佚也此經稱之見於傳與緯書子書之在西漢以前者也自漢以後，儒者相傳俱言五經。而陳後主時吳中陸元朗德明撰經典釋文則於五經之外增入孝經論語老子莊子爾雅五書其繫孝經論語爾雅於五經之後，或用漢書藝文志六藝略附論語孝經小學之例；而廁以老莊者，蓋老莊自魏晉以來爲士大夫所推尙；德明生於陳季猶沿六代之餘波也其書凡三十卷於諸經皆摘字爲音惟孝經以童蒙始學老子以衆本多乖各摘全句所採漢魏六朝音切凡二百三十餘家又兼載諸儒之訓詁證各本之異同後儒得以考見古義其有藉於德明此書者非細也！惟德明繫孝經論語及老莊爾雅於五經之後，則增五經而十矣。唐時立之學官則省德明之所增而云九經者，三禮三傳分而習之，故爲九也其刻石國子學則所云九經幷孝經論語爾雅至宋儒取禮記中之大學中庸及進孟子以配論語；謂之四書而十三經之

名始立。所謂十四經者，先時嘗併大戴記於十三經末稱十四經也其先儒釋經之書，

或曰傳或曰箋或曰解或曰學今通謂之注。聖人著作曰經賢者著述曰傳因記曰詁因章句曰注見張華博物志世所

傳者：詩則毛萇傳，鄭玄箋；周禮儀禮禮記則鄭玄注；公羊則何休學；孟子則趙歧注；皆

漢人。易則王弼注，繫辭韓康伯注；書則梅賾僞孔安國傳皆晉人。孝經則唐明皇御注蓋經

人。左氏則杜預注，爾雅則郭璞注；穀梁則范寧集解皆晉人。論語則何晏集解爲魏

之注率成於唐以前而唐以後諸儒辨釋之書則名曰正義今通謂之疏。而創爲正義

者蓋自唐之孔穎達始。據舊唐書儒學傳：『太宗以儒學多門，章句繁雜詔國子祭酒

孔穎達於諸儒譔定五經義疏凡一百七十卷名曰五經正義』高宗紀：『永徽四年

三月壬子朔頒孔穎達五經正義於天下』是也。然世儒或執此以五經正義爲孔穎

達作者則又非。新唐書穎達本傳云：『初穎達與顏師古司馬才章王恭王劉受詔譔

五經義訓百餘篇；其中不能無謬冗博士馬嘉運駮正其失夫詔更令裁定未就。永徽二

年詔中書門下與國子三館博士宏文館學士考正之於是尚書左僕射于志寧右僕

射張行成侍中高季輔就加增損書始布下。』然則五經正義者蓋孔穎達與諸儒之

所共譔，而非一人之書，彰彰明甚。而高宗紀大書特書曰『孔穎達五經正義』者，意

者特以孔穎達為奉詔譔定五經正義之總纂官；而遂以尸其名邪？然孔穎達奉詔譔

定正義者，但有易書詩禮記春秋左氏傳五經。永徽中賈公彥始譔周禮儀禮義疏宋

史李至傳：『判國子監上言「五經書既已板行惟三傳二禮孝經論語爾雅七經疏

未修望令直閣崔頤正孫奭崔偓佺等重加讎校以備刊刻」』而穀梁用唐楊士勛疏

公羊用唐徐彥疏；孝經論語爾雅用宋邢昺疏；孟子用宋孫奭疏。此世所稱十三經注

疏也。然宋以前疏本與注別行，而宋以後疏遂與注合刊，說經者遂以注疏為不刊之

典。至新喻劉敞原父撰七經小傳三卷，始異注疏之說。七經者尚書毛詩周禮儀禮禮

記公羊傳論語也。宋人說經毅然自異於先儒實自敞始敞學有根柢故能自為一

家之言。後來不能學其深究古義而學其排擊古義則甚矣其僊也！獨臨卭魏了翁鶴

山以說經者但知誦習成言不能求之詳博因取諸經注疏之文據事別類而錄之謂

之九經要義凡二百六十三卷殘存周易要義十卷尚書要義十七卷儀禮要義五十

卷春秋左傳要義三十一卷雖主於採掇注疏然別裁精審汰其冗文既使後人不病

於蕪雜而分臚綱目，咸有條貫，可謂剪除枝蔓獨擷英華是亦讀注疏者之津梁矣！至

清儒華亭吳浩養齋取諸經箋注標其疑義，撰十三經義疑十二卷；雖於注疏之學未

能貫通融會而研究考證具有根柢亦注疏家之諍臣也。元和惠棟定字乃究探諸經

古義於注疏未出之前撰成周易尚書毛詩周禮儀禮禮記左傳公羊穀梁論語十經

古義二十二卷。其左傳六卷後更名覽採舊文互相參證曰古義者蓋漢儒專門訓詁

之學得以考見於今者也。古者漆書竹簡傳寫為艱師弟相傳多由口授往往同音異

字輾轉多岐又六體孳生形聲漸備毫釐辨別後世乃詳古人字數無多多相假借沿

流承襲遂開通假一門。談經者不考其源每以近代之形聲究古書之義旨穿鑿附會

糾結不通故讀古人之書則當先通古人之字庶明其文句而義理可以漸求是

書證佐分明斯稱精核庶幾哉可謂抗心希古直抉經奧者若乃勘文字之異同校刻

本之是非則有儀徵阮元芸臺之撰十三經注疏校勘記二百四十三卷焉雖然六藝

經傳以千萬數要其歸則不外五帝之道六藝之教禮記經解「孔子曰『溫柔敦厚

詩教也。疏通知遠書教也廣博易良樂教也潔淨精微易教也恭儉莊敬禮教也屬辭

比事，春秋教也」」史記自序曰：『易著天地陰陽四時五行，故長於變。禮經紀人倫，

故長於行書記先王之事故長於政詩紀山川谿谷禽獸草木牝牡雌雄故長於風樂

樂所以生故長於和春秋辨是非故長於治人是故禮以節人樂以發和書以道事詩

以達意易以道化春秋以道義」漢書藝文志曰『六藝之文樂以和神仁之表也詩

以正言義之用也禮以明體明者著見故無訓也書以廣聽知之術也春秋以斷事信

之符也五者蓋五常之道相須而備而易為之原』白虎通五經論曰『經所以有五

何經常也有五常之道故曰五經樂仁書義禮禮易智詩信也」然則經雖有九經十

三經十四經之名而究其要歸不外五常之道六經六藝之教而已則亦何居乎後世九經

十三經十四經之喋喋也不知六經六藝之名由來久遠不可以肊增益善夫！劉向之

為七略也。班固仍之造藝文志序六藝為九種：有經有傳有記有羣書傳則附於經記

則附於經羣書頗關經則附於經何謂傳書之有大小夏侯歐陽傳也。詩之有齊魯韓

毛傳也。春秋之有公羊穀梁左氏鄒夾氏亦傳也何謂記大小戴氏所記凡百三十有

一篇是也。何謂羣書易之有淮南道訓古五子十八篇羣書之關易者也書之有周書

七十一篇,羣書之關書者也。春秋之有楚漢春秋太史公書羣書之關春秋者也。然則禮之有周官司馬法羣書之頗關禮者也皆以附於所傳所記或所關之經,而不別著焉,何居乎後世九經十三經十四經之喋喋也。或以傳爲經公羊爲一經,穀梁爲一經。左氏爲一經審如是,則韓亦一經,齊亦一經,魯亦一經,毛亦一經,可乎歐陽一經,兩夏侯各一經可乎易有三家,禮分慶戴春秋之有鄒夾漢世總古今文爲經當十有八,何止十有三如其可也則後世名一家說經之言甚眾經以百數或以記爲經大小戴二記畢稱經夫大小戴二記古時篇篇單行;然則禮經外當有百三十一經,或以羣書爲經。周官晚出劉歆始立。劉向班固灼知其出於晚周先秦之士之掇拾舊章所爲附之於禮等之於明堂陰陽而已後世稱爲經,是爲述劉歆,非爲述孔氏善夫!劉氏之序六藝爲九種也!有苦心焉斟酌盡善爲序六藝矣!七十子以來,尊論語而譚孝經小學者蓋六經之戶樞也小學者所以明六經之訓詁而論語述夫子之言行孝經則再傳門人之所述然夫子曰:「吾……行在孝經。」故不敢以夷於記夷於羣書也。然又非傳於是以三種爲經之貳,而厠諸六藝之後然序類有九而稱藝爲六雖爲經之貳而

仍抑之不與經齊顧後世又以論語孝經爲經假使論語孝經可名經則向早名之；且

曰序八經不曰序六藝矣於戲仲尼好古述而不作曷嘗奐然大號使弟子筆其言以

自制一經哉！經之爲言常也古之所謂經乃三代盛時典章法度常所秉守見於政教

行事之實而非聖人有意作爲文字以傳後世也。後世以傳爲經以記爲經以羣書爲

經以經之貳爲經猶以爲未快意。或以諸子爲經；孟子是也。或以經解爲經；爾雅是也。

蓋經之書彌多而經之旨彌荒。春秋三家之傳，周官二戴之記，後之讀者，尚藉以闚見

三代政教行事得失之迹而無大悖於經綸天下之意廁之於經猶可言也。至孟子爲

儒家之著述。爾雅則經傳之釋詞倘以此爲六經之羽翼則可而逗廁於六經則荒矣！

謹撰次眾說條其原委而析衷以劉子政氏序六藝之義爲總志第一。

宓戲氏仰觀象於天，俯觀法於地，觀鳥獸之文，與地之宜，近取諸身，遠取諸物，於是始作八卦以通神明之德以類萬物之情。至於殷周之際，紂在上位逆天暴物，文王以諸侯順命而行道天人之占可得而效於是重易六爻作上下篇。孔子爲之象象繫辭文言序卦之屬十篇。故曰：『易道深矣人更三聖世歷三古。』所謂易者何也曰易之爲言變也易窮則變變則通通則久是以自天祐之吉无不利謂之『易』者所以明世道窮變通久之必然而繫以『周』者所以明世變剝復循環之有常周之爲言周也周而復始也。孔子繫泰之九三曰『无平不陂，无往不復』象復見天地之心；而作序卦以序六十四卦相次之義之泰之受以否也剝之窮以復也損而不已必益升而不已必困如此之類原始要終岡不根極於復所以深明易道之周也『周』有原始反終之義。而周易以純乾爲首乾健也爲天天行不息周天三百六十五度四分度之一日一夜行一周復其故虛日東行一度乾道之變天行之復也。孔子以詩書禮樂

教弟子，蓋三千焉。而受易者獨稱商瞿。商瞿，魯人字子木，少孔子二十九歲。孔子傳易

於瞿，瞿傳魯人橋庇子庸，子庸傳江東馯臂子弓，子弓傳燕周醜子家，子家傳東武孫

虞子乘，乘傳齊田何子裝。

史記仲尼弟子列傳曰瞿傳楚人馯臂子弘，弘傳江東人矯子庸疵，疵傳燕人周子家豎，豎傳淳于人光子乘羽

羽傳齊人田子莊

及秦禁學易為筮卜之書獨不禁傳受者不絕也漢興田何以齊田徙杜陵

號杜田生傳東武王同子中洛陽周王孫丁寬齊服生皆著易傳而王氏周氏服氏各

二篇獨丁氏八篇見漢書藝文志要言易者本之丁寬寬字子襄梁人也初梁項生從

田何受易時寬為項生從者讀易精敏財過項生學成何謝寬寬東歸何謂門

人曰「易已東矣！」寬至雒陽復從周王孫受古義號周氏傳景帝時為梁孝王將軍

距吳楚號丁將軍作易說三萬言訓故舉大義而已不言陰陽災變也寬傳同郡碭田

王孫王孫傳施讎孟喜梁邱賀由是易有施孟梁邱之學焉施讎字長卿沛人也與孟

喜梁邱賀從田王孫受易謙讓常稱學廢不敎授及梁邱賀貴仕事多迺遣子臨分將

門人河內張禹等從讎問讎自匿不肯見賀固請不得已乃授臨等於是賀薦讎

結髮事師數十年，賀不能及！詔拜博士，與五經諸儒雜論同異於石渠閣讎傳張禹及

琅邪魯伯：禹傳淮陽彭宣子佩，沛戴崇子平；魯伯傳太山毛莫如少路，琅邪邴丹曼容；

而禹官丞相宣官大司空皆至大官其知名者也由是施家有張彭之學。梁邱賀字長

翁琅邪諸人也從大中大夫京房受易房者，淄川楊何叔元弟子也何者嘗受易東武

王同子中有易傳二篇見漢書藝文志蓋易家之初立博士者；太史公司馬談及京房

咸從受易爲房出爲齊郡太守賀更事田王孫宣帝時聞京房爲易明求其門人得賀，

以爲郎以筮有應近幸累官少府傳子臨。臨又學於施讎而專行京房法以郎奉使，

諸儒於石渠琅邪王吉通五經聞臨說善之乃使其子郎中駿上疏從臨受易臨傳五

鹿充宗君孟充宗官少府貴幸爲梁邱易自宣帝時善梁邱說元帝好之欲考其異

同令充宗與諸易家論。充宗乘貴辨口諸儒莫能與抗皆稱疾不敢獨魯朱雲游從博

士白子友受易攝齊登堂抗首而請音動左右；既論難連拄五鹿君；故諸儒爲之語曰：

『五鹿嶽嶽！朱雲折其角！』然不詳誰家？而五鹿充宗略說三篇，見漢書藝文志；充宗

傳光祿大夫平陵士孫張仲方眞定太守沛鄧彭祖子夏王莽講學大夫齊衡咸張賓。

由是梁邱有士孫鄧衡之學孟喜字長卿，東海蘭陵人也從田王孫受易傳易家候陰

陽災變書言『師田生且死時，枕喜膝，獨傳喜』；蓋十二月卦之學所自出焉。諸儒以此耀之同門梁邱賀疏通證明之曰『田生絕於施讎手中時喜歸東海安得此事！』於是傳者以爲喜誕詐也！又蜀人趙賓好小數書，後爲易飾易文以爲『箕子明夷陰陽氣亡箕子箕子者萬物方荄茲也』。賓持論巧慧易家不能難皆曰『非古法也；云受孟喜。喜爲名之後賓死，莫能持其說。喜因不肯仞以此不見信博士缺衆人薦喜。上聞喜改師法遂不用喜。喜傳同郡白光少子沛翟牧子兄，皆爲博士由是孟喜有翟白之學孟喜之學雖與施梁讎不同然要爲田王孫之所自出獨京房之易爲別出！京房字君明，東郡頓邱人也累官魏郡太守蓋匪傳梁邱賀易之齊郡太守京房治易事梁人焦延壽贛延壽云『嘗從孟喜問易』會喜死房以爲延壽易卽孟氏學翟牧白光不肯皆曰『非也！』至成帝時光祿大夫劉向校經傳諸子考易說以爲諸家易說皆祖田何？楊叔丁將軍大誼略同惟京氏爲異倘焦延壽獨得隱士之說托之孟氏故不與相同。』然考孟喜學田王孫言師田生且死傳喜之易家候陰陽災變書或者卽延壽之所本也？延壽著易林十六卷，大抵卽易家候陰陽災變之書以一卦演六十四

卦，總四千九十六卦，各繫以繇詞，文句古奧，與左氏傳載『鳳皇于飛，和鳴鏘鏘』漢書載『大橫庚庚予爲天王』之語絕相類。惟延壽生當昭宣之世其時左氏未立學官；今易林引左氏語甚多，又往往用漢書中事至云『劉季發怒命滅子嬰』又曰『大蛇當路使季畏懼』寧漢人所宜言者耶？疑是東漢以後人撰而托之延壽者然漢易之流爲術數自延壽始也顧延壽常曰：『得我道以亡身者京生也』其說長於災變，分六十四卦更直日用事以風雨寒溫爲候，各有占驗。房傳延壽之學故言術數者稱焦京。而房之推衍災祥更精於延壽卒以誅死其著書見於漢書藝文志隋書經籍志者有孟氏京房十一篇災異孟氏京房六十六篇京氏段嘉十二篇，章句十卷占候十種七十三卷。唐以後多佚不傳今傳者曰京氏積算易傳三卷其書兆乾坤之二觀象成八卦卦凡八變六十有四；於其往來升降之際以消息盈虛於天地之元而酬酢乎萬物之表炳然在目也！大抵辨三易運五行，正四時謹二十四氣悉七十二候，而位五星，降二十八宿其進退以幾而爲一卦之世奇耦相與據一以超二而爲主之相者謂之應世之所謂位，而陰陽之肆者謂之飛陰陽肇乎所配，坎與乾與坤震與離艮與巽兌而

終不脫乎本乃（以飛某卦之位伏某宮之位）以隱賾佐神明者謂之伏；起乎世而周乎內外，參乎本數

以紀月者謂之建終始極乎數而不可窮以紀日者謂之積舍。（於中而以四爲用一卦備四卦者謂之互）

魂之世五世之初乃爲歸魂之世而歸魂之初乃生後卦之初其建剛日則節氣柔日（乾建甲子於初坤建甲午於初之初五位乃分而爲五世之位其五世之上乃爲游上八卦之上乃生一世之初一世之五位乃分而爲游）

則中氣其數虛則二十有八盈則三十有六蓋後世術士所用世應飛伏游魂歸魂納

學。京氏易於元帝之世，與施孟梁邱氏並列學官；而民間有費高二家之說費高者費

甲之說皆出京房房傳東海殷嘉河東姚平河南乘弘皆爲郎博士由是易有京氏之

直高相也費直字長翁東萊人治易長於卦筮亡章句徒以象象繫辭十篇文言解說

上下經。然劉向以中古文易經校施孟梁邱易，或脫去『无咎』『悔亡』唯費直易

與古文同。自是費直易號古文之學與施孟梁邱之稱今文者不同。高相沛人也治易

與費直同時，專說陰陽災異，自言出於丁將軍其學亦無章句。而施孟梁邱氏各有章

句二篇見漢書藝文志。既炎漢祚絕，世祖重光好愛經術儒彥雲從，於是立五經博士，

易有施孟梁邱京氏，各以家法教授；而京氏之易極盛焉蓋東漢之世治施氏易有聞

者，僅陳留劉昆父子而已！昆，字桓公平帝時，受施氏易於沛人戴賓能；王莽世，敎授弟子恆五百餘人；世祖與累官光祿勳授皇太子及諸王小侯五十餘人。傳子軼字君文，能世其學門徒亦盛然知名之士無聞焉！此治施氏易者也。治梁邱易者，曰代郡范升辨卿與博士梁恭山陽太守呂羌俱修梁邱易；世祖徵拜議郎遷博士自以學不如梁恭呂羌願推博士以避二人世祖不許然由是重之尚書令韓歆疏請爲費氏易左氏春秋立博士詔范博士可前平說與歆等駁難日中乃罷。升退而奏曰『近有司請置京氏易博士羣下執事莫能據正京氏既立費氏怨望京費已行次復高氏並復求立各有所執。今費氏學無有本師而多反異先帝前世有疑於此故京氏雖立輒復見廢疑道不可由疑事不可行！』費氏易以此不得立博士而升弟子知名者曰京兆楊政子行少從升受梁邱易善說經京師爲之語曰『說經鏗鏗楊子行』敎授數百人累官左中郎將又有潁川張興與君上者習梁邱易以敎授世祖與舉孝廉爲郎累拜太子少傅顯宗數訪問經術既而聲稱著聞弟子自遠至者著錄且萬人爲梁邱家宗。時則中興之初而三君之外終東漢治梁邱易者無聞治孟氏易者曰南陽洼丹子玉，

世傳孟氏易王莽時,常避世敎授專志不仕,徒衆數百人。世祖興爲博士稍遷爲大鴻

臚作易通論七篇世號洼君通。安定梁竦叔敬中山觟陽鴻孟孫亦以孟氏易敎授有

名稱汝南袁安邵公者祖父良習孟氏易安傳其學蕭宗之世累拜司徒以直節著聞

於朝子京字仲譽敬字叔平傳習父業;而京作難記三十萬言其尤知名者也!東漢之

末,有廣漢任安定祖者少遊太學受孟氏易兼通數經又從同郡楊厚學圖讖究極其

術。時人稱曰:『居今行古任定祖。』初任州郡,後大尉再辟除博士公車徵皆不就

州牧劉焉表薦之然王塗阻塞詔命竟不至焉治京氏易者最多大抵世祖之世曰汝

南戴憑次仲沛獻王輔顯宗之世曰琢郡崔瑗子玉廣漢

折像伯式北海郎宗仲綏南陽樊英季齊李昌子然豫章唐檀子產順帝之世曰北海

郎顗雅光汝南許峻季山桓帝之世曰弘農劉寬文饒濟陰孫期仲或皆有名而樊英

著易章句世稱樊氏學唐檀著書二十八篇名爲唐子。許峻卜占多有顯驗時人方之

前世京房所著易林行於世或者卽焦氏易林之所謔也世之言占候者率治京氏焉?

夷考光武之世,劉昆之傳施氏范升之明梁邱,洼丹之通孟氏戴憑之說京氏皆譚易

之宗，時主所重獨蒼梧陳元長孫，海南鄭眾仲師，皆傳費氏易，其後扶風馬融季長亦

為其傳，融授北海鄭玄康成。玄初從弟五元先受京氏易，又從融受費氏易，故其學出

入於兩家然要其大旨費義居多而謂『乾坤六爻上繫二十八宿依氣而應謂之爻

辰』則費氏易之所無也。然玄又喜言十二消息卦則其說出於孔門，本也。繫辭傳云：『往

者屈來者信』『原始反終通乎晝夜之道』蓋言消息者之所本也同時潁川荀爽

慈明以碩儒作易傳據爻象承應陰陽變化之義以十篇之文解說經意，亦宗費氏而

言消息。自是費氏興而京氏遂衰！馬融有周易注一卷；鄭玄有周易注九卷；荀爽有周

易注十一卷見隋書經籍志。蓋漢之言易學者，楊何最先立博士，然最早衰！至東漢之

與京氏易後來居上。而施孟梁邱三家先後衰！費氏興而京氏亦衰！其大較然也東漢

之末，荊州牧山陽劉表景升亦有周易章句五卷見隋書經籍志。而表之學實受於同

郡王暢叔茂暢之孫曰粲者遭漢亂，與族兄凱俱避地荊州。劉表欲以女妻粲而嫌其

形陋用率以凱有風貌乃以妻凱。凱生業即劉表外孫也；有子曰弼字輔嗣幼而察惠，

蓋以注易著聞魏朝凡易注六卷易略例一卷。自鄭玄傳費直之學始析易傳以附經；

至弼又更定之玄本大約如今之乾卦；其坤卦以下，又弼所割裂然鄭玄易注，至北宋尙存一卷崇文總目稱存者爲文言說卦序卦雜卦四篇則玄本尙以文言自爲一傳；所割以附經者不過象傳象今本乾坤二卦各附文言，知全經皆弼所更定非鄭玄之舊也。弼之說易，稱出費直直易今不可見然荀爽易卽費氏學唐李鼎祚周易集解尙頗載其遺說大抵究爻位之上下，辨卦德之剛柔已與弼注略近；但弼全廢象數又變本加厲。論易本卜筮之書，故末派浸流於讖緯王弼乘其極敝而攻之，遂能排擊漢儒，自標新學然闡明義理，使易不雜於術數者，弼實不爲無功而祖尙虛無使易竟入於老莊者，弼亦不能無過瑕瑜不掩，斯爲定評！魏朝之明易者，王弼而外司徒東海王朗景興嘗著易傳子肅因雍撰定成周易注十卷隋書經籍志所著錄是也。然蕭善馬融之學而不好鄭玄時樂安孫炎然則受學鄭玄之門人稱東州大儒作周易例。肅作聖證論以譏短玄炎駁而釋焉。然鄭不同要其言易本之費氏獨平原管輅公明，善筮卦風角之占，或者本之京氏？……据管辰敍稱每觀輅書傳惟有易林風角之占……世人多以輅儔之京房見裴松之三國志本傳注引輅別傳　南陽何晏平叔請共論易曰：『君論陰陽此世無雙！』時

鄧颺玄茂在晏許言『君見謂善易而語不及易何也』輅尋聲答曰：『善易者不論

也！』魏之易博士曰淳于俊；魏帝高貴鄉公常就問易曰：『孔子作彖象，鄭玄作注，聖

賢不同釋經一也；今彖象不與經文連而注連之何也』俊對曰：『鄭玄合彖象於經，

欲學者尋省易了也』帝曰：『若鄭玄合之，於義誠便則孔子曷為不合以了學者乎？

俊對曰：『孔子恐與文王相亂，此聖人以不合為謙』帝曰：『鄭玄何獨不謙耶』俊不對。

蓋魏博士之治易善鄭氏學者也蜀博士之治易善鄭氏學者曰南陽許慈仁篤子勛

傳其業然僑士也！蜀士之易學蓋始於廣漢任安之習孟氏弟子知名者曰梓潼杜微

國輔曰蜀郡杜瓊伯瑜然瓊好圖讖而不言易巴西譙周允南傳其學焉為吳士之善易

者曰會稽虞翻仲翔，曰吳郡陸績公紀翻有周易注九卷，績有周易注十五卷其見隋

書經籍志。然翻之先世本治孟氏易，而績之注則採諸京氏易傳者為多績年輩差晚；

而翻舊齒名盛說易專取旁通與之卦旁通者乾與坤坎與離艮與兌震與巽交相變

也之卦，則以兩爻交易而得一卦；消息六爻發揮旁通。與魯國孔融文舉書示以所著

易注。融答書曰：『自商瞿以來舛錯多矣去聖彌遠眾說騁辭曩聞延陵之理樂今觀

吾子之治易乃知東南之美者，非徒會稽之竹箭。』然翻自稱傳孟氏易，而說『七日來復，』不言六日七分則亦不盡用孟氏易也。廣陵張紘子綱名輩不後虞翻，而治京氏易則同陸績。又汝南程秉德樞者，逮事鄭玄。吳大帝聞其名儒徵拜太子太傅；而治周易摘商蓋費氏之支流餘裔矣！大抵三國之世，北士傳馬鄭而習費易，而吳蜀則守孟京而薄馬鄭。虞翻初立易注，奏稱『潁川荀諝號為知易臣得其注顛倒反逆有可怪笑！馬融所解復不及諝若乃鄭玄雖各立注未得其門。』荀諝荀爽之別名也此可以覘三國南北學之殊風焉然南北學亦何常之有費易大興而孟京不能不廢梁邱施氏亡於西晉孟氏京氏雖有其書；而明京氏易者，西晉惟弘農董景道文博東晉惟新蔡干寶令升而已！寶有周易注十卷見隋書經籍志。孟氏之易無聞，而費氏之學又分鄭玄王弼兩家。元帝中興，江左議為王弼易置博士獨太常潁川荀崧景猷以為不可，請為鄭玄置博士。自是易有鄭玄王弼二博士。然有晉易自中朝迄於江左，莫不崇飾老莊祖述虛玄撝闢里之經典習正始之餘論王弼生當正始辭才逸辯老學實為宗師，而明易亦造玄論風流所仰學者宗焉惟弼注者僅上下經；而補繫辭說卦雜卦

序卦注者其門人韓康伯也。自是王注行而鄭學亦衰河南及青齊之間，儒生多講王

注，師訓蓋寡矣論江左！自跖拔魏之末大儒華陰徐遵明子判門下講鄭玄所注周易。

遵明以傳范陽盧景裕仲孺景裕傳權會郭茂。權會早入鄴都，郭茂恆在門下教授其

後河朔言易者，多出郭茂之門。大抵南北所爲章句河洛周易則鄭玄江左則王弼好

尚互有不同獨晉揚州刺史晉陵顧悅之君叔有周易難王輔嗣義一卷四十餘條齊

國子博士吳郡陸澄彥深與尚書令琅邪王儉仲寶書陳『王弼注易玄學所宗今若

弘儒鄭不可廢！』儉答『易體微遠實貫羣籍豈據小王便爲該備依舊存鄭高同來

說。』可謂矯矯南士之不羣者也！然梁陳之世鄭玄仍得與王並列學官南齊惟

傳鄭義至隋平江南王注乃盛河朔然鄭義不廢既隋氏道消唐代應運詔孔穎達等

撰定周易正義然後專崇王注而衆說皆廢序稱：『漢儒傳易者西都則有丁孟京田。

東都則有荀劉馬鄭，大體更相祖述非有絕倫惟魏世王輔嗣注獨冠古今所以江左

諸儒並傳其學河北學者罕能及之！其江南義疏十有餘家，皆辭尚虛玄義多浮誕原

夫易理難窮雖復玄之又玄至於垂範作則，便是有而教有。若論住內住外之空就能

就所之說，斯乃義涉於釋氏，非為教於孔門也！」所以抨江南諸家者，斯亦允矣！雖然

吾觀孔穎達者，徒知釋氏之義不涉易，而不知王注之辭亦尚玄，徒知江南義疏諸家

之辭尚虛玄義多浮誕，而不知王注為玄學之宗，江南諸家之所自出也！顧謂『義理

可詮先以輔嗣為本』；寧必為達識乎雖然，唐之易家有期詮義理而用王弼者，孔穎

達之周易正義是也。有旁通象數而採虞翻者，李鼎祚之周易集解是也。一為三國之

魏學。一為三國之吳學。一開宋儒胡程之先。一植清學惠張之基蓋李鼎祚周易集解

凡十七卷仍用王弼本惟以序卦傳散綴六十四卦之首蓋用毛詩分冠小序之例；所

採凡子夏喜孟焦京房馬融荀爽鄭玄劉表何晏宋衷虞翻陸績干寶王肅王弼姚

信王廙張秀王凱沖侯果蜀才翟元韓康伯何妥崔憬沈驎士盧氏崔覲伏曼容孔穎

達姚規朱仰之蔡景君等三十五家之說；而採虞翻尤多。其所自為說則純似翻將欲

以刊輔嗣之野文補康成之逸象而不採玄爻辰之說自序謂：『王鄭相沿頗行於代。

鄭則多參天象，王乃全釋人事，且易之為道豈偏於天人哉！』則是於鄭王皆有不足，

而博採諸家以為折衷也其有拾遺補闕而搜孔李所未採者則有史徵之周易口訣

義凡七卷；自序云：「但舉宏機，纂其樞要，先以王注爲宗，後約孔疏爲理。」然中如乾

象引周氏說乾大象革象引宋衷說屯象引李氏說；師象漸九五引陸績說；

大象引莊氏說；謙六五引張氏說；賁大象引頤大象引荀爽說；坎上六引虞氏

說咸大象井大象鼎象引何妥說萃象困大象引王廙說；升象漸象引褚氏說；震九

四兌大象引鄭眾說；漸大象引侯果說；多出孔穎達疏及李鼎祚集解之外蓋唐去六

朝未遠隋書經籍志所載諸家之書猶有存者故徵得以旁蒐博引雖有文義間涉拙

滯；而以前解易之書子夏傳既多屬僞撰鄭玄陸績注爲後儒輯佚亦非完書其實

存於今者京房王弼孔穎達李鼎祚四家及史氏此書而五耳固稽古者所宜珍也惜

李史二氏新舊唐書并無傳其人本末不詳耳此唐代易學之要刪也然自唐代以王

弼注定爲正義於是學易者專言名理惟李鼎祚集解不主弼義博採諸家以爲『刊

輔嗣之野文補康成之逸象』而後來經生若胡瑗程子言理精

粹自非晉唐諸儒可及然於象亦闕焉不詳！獨金華鄭剛中亨仲著周易窺餘十五卷，

兼收漢學凡苟爽虞翻干寶蜀才九家之說皆參互考稽不主一家其解義間異先儒

而亦往往有當於理；雖其人附和秦檜，公論不予，然闡發經義，則自出新義，具有理解；

要爲易家所不廢也！又古易本十二篇，自費直鄭玄以至王弼遞有移掇，孔穎達因弼

本而作正義行於唐代，古易自此不復存！宋呂大防仲微始考驗舊文作周易古經二

卷，其後鉅野晁說之以道作古易十二卷，永嘉薛季宣士龍作古文周易十二卷，餘姚

程迥可久作古周易一卷，丹陵李燾仁甫作周易古經八篇，崐山吳仁傑斗南作古周

易十二卷，金華呂祖謙伯恭作古周易一卷，大致互相出入獨祖謙書最晚出而較有

據，凡分上經下經象上傳象下傳繫辭上傳繫辭下傳文言說卦傳

序卦傳雜卦傳爲十二篇，朱子嘗爲之跋後作本義，即用祖謙而不用王弼焉，然唐代

雖定王弼注爲正義，而新唐書藝文志著錄玄注十卷，是唐時王學盛行，而鄭注未墮

地也！至北宋尚存玄注文言序卦說卦雜卦四篇一卷，見崇文總目；而淳熙以後諸儒

罕所稱引，蓋亡於南宋之初也。慶元王應麟伯厚獨能於散佚之餘，旁摭諸書輯周易

鄭康成注一卷蒐羅放失以存漢易之一線，經文異字亦皆並存其無經文可存者則

總錄於末簡又以玄注多言互體幷取左傳禮記周禮正義中論互體者八條以類附

焉；可謂篤志遺經研心古義者矣！此宋儒之整理古易，則有然者。雖然，宋儒易學之所

以獨成宋儒者不在此蓋宋儒易學之自名一家者甚眾。然要其大別，不外象數義理

二宗。而泰州胡瑗翼之，開宋儒義理說易之先河。范陽邵離堯夫，爲宋儒象數說易之

大宗。漢儒言易本多主象數至宋儒言易，而象數之中復歧出圖書一派此派蓋大昌

於邵雍而造端於彭城劉牧長民者也牧之學，出於洛陽种放名逸，放出亳州陳摶圖

南其淵源與邵雍同而以九爲河圖十爲洛書則與雍異著易數鈎隱圖三卷附遺論

九事一卷其學盛行於仁宗時黃黎獻作略例隱訣吳祕作通神休寧程大昌泰之作

易原，皆發明牧說至建陽蔡元定西山則以爲與孔安國劉歆所傳不合而以十爲河

圖九爲洛書。朱子從之著易學啓蒙自是以後言圖書者皆宗朱蔡而牧之圖幾廢焉！

然圖書之學劉牧實爲別傳而邵雍乃其正宗。雍之子曰伯溫子文者著易學辨惑一

卷中敍傳授本末謂：『雍易受於青社李之才挺之之師郫州穆修伯長修師陳摶。

』則是陳摶者宋儒圖書說易之祖師也。然宋儒之有陳摶邵雍猶漢學之有孟京，所

謂易外別傳者也！顧或者謂：『陳摶以先天圖傳种放更三傳而至邵雍放以河圖洛

書傳李溉更三傳而至劉牧。再傳至程顥程頤。厥後雍得之以太極圖傳周敦頤，再傳至程顥程頤。厥後雍得之以著皇極經世牧得之以著周易鉤隱圖周敦頤得之以著太極圖說通書頤得之以述易傳。」據朱震漢上易集傳卦圖之說云爾其說頗爲後人所疑而朱子亦謂『程子之學源於周子。』然考之程子易傳無一語及太極；而於觀大畜夬漸諸卦云『予聞之胡翼之先生，』『予聞之胡先生曰』者不一而足則是程子之學源於胡瑗，而於周敦頤無徵也。倪天隱述其師胡瑗之說有周易口義十二卷其說易以義理爲宗；而程子不信邵雍之數故邵子皇極經世以數言易而程子著易傳四卷則黜數而崇理於胡瑗爲近其書以序卦分置諸卦之首依李鼎祚集解例而用王弼注本但解上下經及象象文言亦與王弼注同。朱子周易本義初亦用王弼本後以呂祖謙古周易爲本然大指仍略同王弼而加詳焉首列九圖末著揲法大略兼義理占象而言附以易學啓蒙一卷曰本圖書原卦畫明蓍筮考變占凡四篇殆折衷理數二家之說而無所偏廢者乎！蒲江魏了翁鶴山蓋問業於朱子之門人建昌李燔敬子趙州輔廣漢卿者嘗言：『辭變象占易之綱領而繇象爻之辭畫爻位虛之別互反飛伏之說乘承比

應之例一有不知，則義理闕焉』其大旨主於以象數求義理，折衷於漢學宋學之間；

輯周易要義十卷雖主於王注孔疏，而採撫謹嚴別裁精審，可謂剪除支蔓獨摭英華

者矣雖然，宋儒易學亦有不言理不言數，而但言事者；上虞李光泰發讀易詳說十卷，

吉水楊萬里誠齋易傳二十卷其最著者也。光之書於卦爻之詞皆引證史事蓋援古

事以證爻象始自鄭玄若全經皆證以史則光書其始也。萬里之書，大旨本程子易傳。

而參引史事以證之則同李光初名易外傳宋代書肆曾與程傳並刊謂之程楊易傳。

顧宋儒詆之者夥，以爲足以聳文士之觀瞻，而不足以服窮經士之心！然聖人作易，本

以吉凶悔吝明人事，使天下萬世無不知所從違，非徒使上智者矜談妙悟如佛家之

傳心印道家之授丹訣自譚易者推闡性命，句稽奇偶其言愈微妙，而於聖人立教牖

民之旨愈南轅而北轍！箕子之貞，鬼方之伐，帝乙之歸妹，孔子繫辭，何嘗不明證史事！

依此而推三百八十四爻，可以例舉矣舍人事而談天道正後儒說易之病，未可以引

史證經爲二家病！此一派也又有不言理數，亦不言事而言心性者茲谿楊簡敬仲易

傳二十卷寧德王宗傳景孟童溪易傳三十卷其最著者也。簡之學出金谿陸九淵子

靜，故其解易惟以人心爲主蓋自漢以來以玄空說易，始魏王弼；而以心性說易，始王

宗傳及簡宗傳之論有『性本無說聖人本無言』之語與簡文旨相同。夫弼易祖尚

玄虛以闡發義理，漢學至是而始變！宋儒掃除古法實以王注爲藍本然胡瑗程子祖

其義理而歸諸人事故似淺近而醇實宗傳及簡祖其玄虛而索諸性天故似高深而

幻窅。此又一派也。然論宋儒易學者，要以程子易傳朱子易本義爲大宗。臨海董楷正

叔者，朱子再傳弟子也。嘗輯周易傳義十四卷合程子傳朱子本義爲一書，而采二子

之遺說附錄其下意在理數兼通。惟程子傳用王弼本。而朱子本義則用呂祖謙古周

易本；楷以程子在前遂割裂朱子之書，散附程傳之後，而朱子所定之古文仍復淆亂

迨明之成祖命行在翰林學士胡廣等纂周易大全卽以楷書爲底本而列之學官迄

有清五百年間，士夫之爲學朝廷之取士胥以此焉鄉塾之士遂不復知有古經則楷

肇其端也！於是程傳朱本義之大全本行，而王注孔疏亦廢擱矣！元明兩代學者言

大抵不脫宋儒窠臼獨明古義不囿風氣者，惟元天台陳應潤之撰周易爻義變蘊明

海鹽姚士粦叔祥之輯陸氏易解耳考陳應潤之書凡四卷大旨謂『義理玄妙之談，

墮於老莊，先天諸圖，雜以參同契爐火之說；皆非易之本旨。故其論八卦，惟據說卦

傳『帝出乎震』一節，爲八卦之正位，而以『天地定位』一節，邵雍指爲先天方位

者定謂八卦相錯之用；謂文王演易，必不顛倒伏羲之文致相矛盾』其論太極兩儀

四象以天地爲兩儀以四方爲四象謂：『未分八卦不應先有撰著之法分陰陽太少。

周子無極太極二氣五行之說，自是一家議論不可說易』蓋自宋以後毅然破陳摶

之學者自應潤始！所注用王弼本惟有上下經六十四卦據春秋左氏傳某卦之某卦

例如乾之姤曰『潛龍可勿用』乾之坤曰『見羣龍無首吉』之類，故名曰爻變。

稱一卦可變六十四卦六爻可變三百八十四爻即漢焦延壽易林之例，蓋亦因古占

法而推原其變通之意非臆說也。昔宋王應麟輯鄭玄易注，爲學者所重，而姚士粦抄

撮京房易傳注李鼎祚集解諸書所引之吳陸績周易注，以成陸氏易解一卷雖不及

應麟搜討之勤博然在陸注久佚之餘，而掇拾叢殘存什一於千百於元明人易家之

中，倘亦翹然獨秀者矣若乃師心自悟闇與古會足以卓然名一家者莫如梁山來知

德矣鮮隱萬縣之深山精思易理自隆慶庚午至萬曆戊戌閱二十九年而成周易集

注十六卷其立說專取繫辭中錯綜其數以論易象而以雜卦治之錯者，陰陽對錯，如先天圓圖乾錯坤坎錯離八卦相錯是也。其論錯，一上一下，如屯蒙之類，木是一卦在下為屯，在上為蒙，載之序卦是也。其論綜者，一卦在下，有四正錯，有四隅錯；論綜，有四正綜，有四隅綜，有以正綜隅，有以隅綜正。其論象，有卦情之象，有卦畫之象，有大象之象，有中爻之象，有錯卦之象，有綜卦之象，有爻變之象，有占中之象，皆由冥心力索得其端倪，因而參互旁通，自成一說。當時推為絕學，然上下經各十八卦本之舊說，而所說中爻之象，亦即漢以來互體之法。特知德縱橫推闡，專明斯義，較先儒為詳盡耳！既清儒崛起，務摧剝宋學，宏宣漢易，別成風氣，而首驅除夫難者，要推餘姚黃宗羲太沖、宗炎晦木兄弟，暨德清胡渭朏明三氏。初陳摶推闡易經，衍為諸圖，其圖本準易而生，故以卦爻反覆研求，無不符合。傳者務神其說，遂歸伏羲，謂易反由圖而作。又因繫辭河圖洛書之文，取大衍算數作五十五點之圖以當河圖，取乾鑿度太乙行九宮法四十五點之圖以當洛書，其陰陽奇偶，亦一一與易相接應。傳者益神其說，又真以為龍馬神龜之所貢，謂伏羲由此而有先天之圖。實則唐以前書絕無一字之徵驗，而突出於北

宋之初。邵雍朱子亦但取其數之巧合，而未暇究其太古以來，從誰授受。於是宗羲病其末派之支離糾本原之依托著易學象數論六卷自序云：『世儒視象數爲絕學；今一疏通知於易本無干涉；而後反求程傳亦廓清之一端。』又稱『王輔嗣注簡當無浮義』而病朱子添入康節先天之學爲添一障可謂了當而宗炎著周易象辭附尋門餘論圖書辨惑二十四卷大指謂『陳摶之圖書乃道家養生之術』與元陳應潤之說合而論『四聖相傳不應文王周公孔子之外別有伏羲之易爲不傳之祕；周易未經秦火不應獨禁其圖轉爲道家藏匿二千年至陳摶而始出』則尤篤論也！然皆各據所見抵其罅隙尚未能窮溯本末一一抉所自來獨胡渭著易圖明辨十卷辨河圖洛書辨五行九宮辨周易參同先天太極辨龍圖易數鉤隱圖辨啓蒙圖書辨先天古易辨後天之學辨卦變辨象數流弊大指謂『詩書禮春秋皆不可無圖獨易無所用圖六十四卦二體六爻之畫，即其圖也。八卦之次序方位則乾坤三索出震齊巽二章盡之矣』引據舊文互相參證以箝依托者之口於是學者知圖書之說雖言之有故執之成理乃修鍊術數二家旁分易學之支流而非作易之根柢視黃氏兄弟所

論，尤爲窮源竟其功不可沒也！然此三君子者，於宋儒有推陷廓清之功；而漢學之

究宣末極宏至吳縣惠士奇天牧撰易說六卷以爲：『今所傳易出費直易費本古文，

王弼盡改俗書，又創虛象之說，而漢易亡矣！易者象也；聖人觀象而繫辭君子觀象而

玩辭六十四卦皆實象安得虛哉漢儒言易孟喜以卦氣京房以適變荀爽以升降鄭

康成以爻辰；虞翻以納甲；其說不同，而指歸則一皆不可廢』。然士奇博學無所成名，

力矯王弼以來空言說經之弊徵引賅備而失之雜其子曰棟字定宇者博通經史尤

遂於易謂：『孔子作十翼其微言大義七十子之徒相傳至漢猶有存者自王弼興而

漢學亡幸存其略於李氏集解』精研三十年引伸解類始得貫通其旨乃追考漢儒

易學掇拾緒論成易漢學八卷；凡孟長卿易二卷虞仲翔易一卷京君明易二卷干寶

見鄭康成易一卷荀慈明易一卷其末一卷則棟發明漢易之理以辨正河圖洛書先

天太極之學又究漢儒之傳以闡明易之本例凡九十類成易例二卷漢學之絕者千

有伍百餘年至是而燦然復章又自爲解釋成周易述二十三卷專宗虞翻而參以鄭

玄荀爽宋咸干寶諸家之說融會其義自爲注而自疏之持論尤精警者：孔穎達正義

據馬融陸績說以爻辭爲周公作，與鄭學異；其所執者，明夷六五云：「箕子，升六四云「王用享歧山」皆文王後事論者不能奪也獨棟引春秋傳禹貢爾雅以證「王用享歧山」之爲夏后氏而非文王；而箕子明夷，則用漢趙賓之說疏通證明以爲「箕子」當從古文作其子其古音亥亦作箕。劉向云「今易箕子作荄茲」荀爽據以爲說讀「箕子」爲荄茲其與亥子與茲文異而音義同。三統術云「該閡於亥孳萌於子」該荄亦同物也。五本坤也坤終於亥乾出於子用晦而明明不可息，故其子之明夷。馬融俗儒不識七十子傳易之大義讀其爲箕蓋涉象傳而譌五爲天位箕子臣也而當君位乖於易例甚矣謬種流傳兆於西漢博士施讎讀其爲箕。蜀人趙賓述孟氏之學以爲「箕子明夷，陰陽氣無箕子箕子者萬物方荄茲也」賓據古義以難諸儒諸儒皆屈於是施讎梁邱賀皆嫉之。孟喜與施讎同事田王孫喜未貴而學獨高喜所傳易家候陽陽災變書得自王孫而賀惡之謂無此事語聞於上宣帝遂以喜爲改師法中梁邱之譜也！讎賀嫉喜而幷及賓班固作喜傳亦用讎賀之單詞皆非實錄。向別錄猶循孟學故馬融俗說荀爽獨知其非復用賓古義。雖敢爲異論而不盡合

事實;然自是清儒論易家多信孟喜眞傳田王孫學者其說實自棟發之然按漢書儒

林傳云『趙賓以爲箕子明夷陰陽氣無箕子箕子者萬物方荄滋也云受孟喜喜爲

名之。』此趙賓謂箕子二字爲荄滋之誤也然則趙賓所見之易經本是「箕子」二

字矣。虞翻云『箕子紂諸父。五乾天位今化爲坤箕子之象』虞翻世傳孟氏易而不

從荄滋之說;可見孟氏易不作荄滋矣。惠棟言易尊虞翻何以於此獨不從虞翻乎此

不可解也!惟漢人之易,孟費諸家各有師承勢不能合而棟之學宗禰虞翻,有未通補

以鄭荀諸儒學者以無家法少之!未若武進張惠言皋文治虞翻易之爲專家絕學也!

惠言之論,大指以爲『翻之易學自其高祖父故零陵太守光治孟氏易,世傳其業至

翻五世又具見馬鄭宋荀氏書考其是否故其言易以陰陽消息六爻發揮旁通升降

上下,歸於乾元用九而天下治依物取類貫穿比附始苦瑣碎及其沈深解剝離根散

葉暢茂條理遂於大道後儒罕能通之自魏王弼以虛空之言解易唐立之學官而漢

世諸儒之說微惟鄭荀虞三家略有梗慨可指說而虞又較備然則七十子之微言田

何楊叔丁將車之所傳者舍虞氏注奚從也!』故求其條貫明其統例釋其疑滯信其

亡闕，爲周易虞氏義九卷表其大指，爲周易虞氏消息二卷，又撰虞氏易禮易事易候

易言及虞氏略例，務以探頤索隱存一家之學焉惟惠張二家，咸以漢易之亡，歸獄淵王

弼獨甘泉焦循理堂明其不然其大指以爲：「東漢末以易學名家者稱荀劉馬鄭劉，

謂劉景升表之學受於王暢王弼者，劉表之外曾孫而暢之嗣玄孫也弼之學蓋淵

源於劉，而實根本於暢兄宏字正宗亦撰易義兄弟皆以易名可知其所受者遠矣故

弼之易雖參以己見而解『箕子』爲荄茲正用趙賓解『彭』爲旁借『雍

」爲饔通『孚』爲浮而訓爲務躁解『斯』爲廝而釋爲賤役之屬皆以六書通借；

解經之法尙未遠於馬鄭諸儒特貌爲高簡故疏者概視爲空論耳因作周易王氏注

補一卷可謂持平之論也考循之易本出家學嘗疑一『號咷』也何以旣見於旅又

見於同人一『拯馬壯』也何以旣見於復又見於明夷密雲不雨之象何以小畜與

小過同辭甲庚三日之占何以蠱象與巽象同例乃徧讀說易之書旣悟洞淵九容之

術實通於易乃以數之比例求易之比例；以易解易觸類求通成易通釋二十卷自謂：

『學易所悟得者有三：一曰旁通二曰相錯三曰時行旁通者在本卦初與四易二與

五易，三與上易本卦無可易，則旁通於他卦，亦初通於四二通於五三通於上先二五，

後初四三上為當位。不俟二五而初四三上先行，為失道易之道惟在變通二五先行

而上下應之此變通不窮也。或初四先行，則上下不能應而通之仍

大中而上下應，如乾四之坤而成小畜復失道矣！變通之小畜二之復五；

復初不能應，姤初則能應；小畜四不能應，豫四則能應。坎四之離上而成井豐失道矣！

變通之井二之噬嗑五，豐五之渙二；豐上不能應，渙上則能應，井三不能應，噬嗑三則

能應。此所謂時行也比例之義出於相錯如睽二之五為无妄，井二之噬嗑五亦為无

妄，故睽之噬膚即噬嗑之噬膚坎三之離上成豐，噬嗑上之三亦成豐故豐之日昃即

離之日昃豐之日中即噬嗑之日中。漸上之歸妹三歸妹成大壯漸成蹇蹇大壯相錯

成需故歸妹四之漸初漸成家人歸妹成臨臨通遯相錯為謙履

故玅玅能視跛能履；臨二之五卽履二之謙五之比例也。」易通釋既成復提其要為易

圖略八卷凡圖五篇原八篇發明旁通相錯時行之義論十篇破舊說之非復成易章

句十二卷總稱雕菰樓易學三書共四十卷蓋其為學不拘漢魏各師法惟以卦爻經

文比例為主號咷密雲蹤跡甚顯，疾藜樽酒，假借可據；如郭守敬之以實測得天行也；

可謂冥心孤往獨闢蹊徑者矣！尤豈惠張諸家，墨守漢易，姝姝一先生之言者所可及

耶！晚清善化皮錫瑞鹿門撰易學通論以張惠言為專門，焦循為通學而謂『學者當

先觀二家之書』可謂知言之士！然錫瑞論易崇義理而黜象數實主王注程傳據漢

惠棟以來重埋孟京之緒之為大惑曰：『經學有正傳有別傳以易而論，別傳非獨京

氏而已。如孟氏之卦氣，鄭氏之爻辰皆別傳也。如伏傳五行，齊詩五際，

禮月令明堂陰陽說，春秋公羊多言災異，皆別傳也。子貢謂『夫子性與天道不可得

聞；』則孔子刪定六經以垂世立教，必不以陰陽五行為宗旨至孟京出而漢儒稱讖

緯；宋人斥讖緯而稱圖書其實焦京之易出陰陽家之占驗雖應在事後非學易之大

義；陳邵之易出道家之修鍊雖數近巧合，非作易之本旨故雖自成一家之學而於聖

人之易，實是別傳而非正傳近儒於陳邵之圖闢之不遺餘力；而又重理焦京之說。獨

焦循說易自闢町畦以虞氏之旁通兼荀氏之升降意在采漢儒之長而去其短而於

孟氏之卦氣，京氏之納甲，鄭氏之爻辰，皆駁正之以示後學曰：「納甲卦氣皆易之外

道」趙宋儒者闢卦氣而用先天，近人知先天之非矣，而復理納甲卦氣之說不亦唯

之與阿哉！」斯又侃侃敷陳，清儒之箴砭也！他如衡陽王夫之而農之周易稗疏蕭山

毛奇齡大可之仲氏易，推易始末春秋占筮書三書，旌德姚配中仲虞之周易姚氏學，

周易釋爻例之屬，皆清儒易學之有根據有條理者；雖立說或有未純，要其創通新解，

甘泉江藩鄭堂之周易述補，震澤陳壽熊獻青之讀易漢學私記，寶應成蓉鏡芙卿之

補苴前賢多可取者然易道淵深，包羅衆義，隨得一隙，皆能宛轉關通，有所闡發，近儒

侯官嚴復又陵序其所譯英儒赫胥黎著天演論，則又據易理以闡歐學，其大指以為

「歐學之最為切實，而執其理，可以御蕃變者，名數質力四者之學是已。而吾易則名

數以為經，質力以為緯，而合而名之曰易。大宇之內質力相推；非質無以見力，非力無

以呈質凡力皆乾也凡質皆坤也奈端動之例三其一曰：『靜者不自動者不自止。

動路必直速率必均。」此所謂曠古之慮；自其例出而后天學明人事利者也！而易則

曰『乾，其靜也專，其動也直』後二百年有斯賓塞爾者以天演自然言化著書造論

貫天地人而一理之，此亦輓近之絕作也！其爲天演界說曰：『翁以合質，闢以出力，始

簡易而終雜糅。』易則曰：『坤，其靜也翕，其動也闢。』至於『全力不增減』之說，

則有『自彊不息』爲之先。『凡動必復』之說則有消息之義居其始而『易不可

見，乾坤或幾乎息』之旨尤與『熱力平均，天地乃毀』之言相發明。」可謂有昧乎其

言之也。然嚴復尚非易家也。不過爲闡易道以歐學者之大輅椎輪而已！至海寧杭辛

齋出精究易義博及諸家傳注而蒐藏言易之書六百二十餘種，並世之言易藏者莫

備焉！著有易楔口卷，學易必談初集二集各四卷，易數偶得二卷，愚一錄易說訂二卷，

讀易雜識一卷改正揲法一卷其平日持論以爲：『易如大明鏡，無論以何物映之，

莫不適如其本來之象。如君主立憲義取親民爲同人象，民主立憲主權在民爲大有

象，社會政治無君民上下之分爲隨象，乃至日光七色見象於白贄微生蟲變化物質，

見象於蠱。又如繫辭言『坤，其靜也翕，其動也闢』而所謂『闢』者即物理學之所

謂離心力也翕者即物理學所謂向心力也。凡物之運動能循其常軌而不息者皆賴

此離心向心二力之作用。地球之繞日即此作用之公例也。凡近世所矜爲創獲者而

易皆備其象明其理於數千年之前蓋理本一原數無二致時無古今地無中外有偏重而無徧廢中土文明理重於數而西國則數勝於理重理或流於空談而鮮實際泥數或偏於物質而遺精神惟易則理數兼賅形上道而形下器乃足以調劑中西末流之偏以會其通而宏其指』此則推而大之以至於無垠而異軍突起足爲易學闢一新塗者焉篹周易志第二。

昔在帝堯聰明文思，光宅天下，將遜於位，讓於虞舜，作堯典。虞舜側微，堯聞之聰

明，將使嗣位，歷試諸難，作舜典。帝釐下土方設居方，別生分類，作汩作九共九篇槀飫。

皋陶矢厥謨，禹成厥功，帝舜申之，作大禹皋陶謨棄稷。禹別九州，隨山濬川，任土作貢；

作禹貢。啓與有扈戰於甘之野，作甘誓。太康失邦，昆弟五人須於洛汭，作五子之歌；

羲茫。湯征諸侯，葛伯不祀，湯始征之，作湯征。伊尹去亳適夏，既醜有夏，復歸於亳，入自

北門，乃遇女鳩女方，作女鳩女方，伊尹相湯伐桀，升自陑，遂與桀戰於鳴條之野，作湯

誓。夏師敗績，湯遂從之，遂伐三朡，俘厥寶玉，誼伯仲伯作典寶。湯既勝夏，欲遷其社不

可，作夏社疑至臣扈。湯歸自夏，至於大坰，仲虺作誥。湯既黜夏命，復歸於亳，作湯誥伊

尹咸有一德。咎單作明居成湯既沒；太甲元年，伊尹作伊訓肆命徂后。太甲既立不

明，伊尹放諸桐三年，復歸於亳思庸伊尹作太甲三篇沃丁既葬伊尹於亳咎單遂訓

伊尹事作沃丁伊陟相太戊。

贊於伊陟作伊陟原命仲丁遷於囂作仲丁河亶甲居相作河亶甲祖乙圯於耿作祖

乙。盤庚五遷將治亳殷民咨胥怨作盤庚三篇。高宗夢得說使百工營求諸野得諸傅

巖作說命三篇高宗祭成湯有飛雉升鼎耳而雊祖己訓諸王作高宗肜日高宗之訓。

殷始咎周人乘黎祖伊恐奔告於受作西伯戡黎殷既錯天命微子作誥父師少師。

惟十有一年武王伐殷一月戊午師渡孟津作大誓三篇武王戎車三百兩虎賁三百

人與受戰於牧野作牧誓武王伐殷往伐歸豐識其政事作武成。武王勝殷殺受立武

庚以箕子歸作洪範武王既勝殷邦諸侯班宗彝作分器。西旅獻獒太保作旅獒巢伯

來朝芮伯作旅巢命武王有疾周公作金縢。武王崩三監及淮夷叛周公相成王將黜

殷命作大誥成王既黜殷命殺武庚命微子啟代殷後作微子之命。唐叔得禾異畝同

穎獻天子王命唐叔歸周公於東作歸禾周公既得命禾旅天子之命作嘉禾成王既

伐管叔蔡叔以殷餘民邦康叔作康誥酒誥梓材成王在豐欲宅雒邑使召公先相宅

作召誥召公既相宅周公往營成周使來告卜作雒誥。成周既成遷殷頑民周公以王

命告作多士周公作無逸召公為保周公為師，相成王為左右召公不悅周公作君奭。

成王東伐淮夷遂踐奄作成王政成王既踐奄將遷其君於蒲姑周公告召公作將蒲

姑。成王歸自奄在宗周誥庶邦作多方成王既黜殷命滅淮夷還歸在豐作周官周公

作立政成王既伐東夷肅慎來賀王俾榮伯作賄肅慎之命周公在豐將沒欲葬周

公薨成王葬於畢告周公作亳姑周公既沒命君陳分正東郊成周作君陳成王將崩，

命周公召公率諸侯相康王作顧命康王既尸天子遂誥諸侯作康王之誥康王命作

冊畢公分居里成周郊作畢命穆王命君牙為周大司徒命君牙穆王命伯囧為太

僕正作冏命。蔡叔既沒王命蔡仲踐諸侯位作蔡仲之命魯侯伯禽宅曲阜徐夷並興，

東郊不開作柴誓呂侯命穆王訓夏贖刑作呂刑平王錫晉文侯秬鬯圭瓚作文侯之

命秦穆公伐鄭晉襄公帥師敗諸崤還歸作秦誓至孔子觀書於周室得虞夏商周四

代之典乃斷自唐虞之際下迄秦穆芟煩翦浮舉其宏綱定為尚書百篇而為之言

其作意或說：『孔子求得黃帝元孫帝魁之書迄於秦穆凡三千二百四十篇斷遠取

近定其可為世法者一百二十篇以百二篇為尚書十八篇為中候』此據尚書緯璇

璣鈐文也謂之尙書者，梅賾僞孔安國傳曰：『以其上古之書謂之尙書。』王肅曰：『上所言下爲史所書，故曰尙書也。』蓋書之所主本於號令所以宣王道之正義發話言於臣下，故其所載皆典謨訓誥誓命之文。子夏問書大義，孔子曰：『吾於帝典見堯舜之聖焉！於大禹謨皐陶謨見禹稷皐陶之忠勤功勳焉！於雒誥見周公之德焉！於帝典可以觀美，大禹謨禹貢可以觀事，皐陶謨益稷可以觀政，洪範可以觀度，太誓可以觀義，五誥可以觀仁，呂刑可以觀誠，通斯七者書之大義舉矣！』三千之徒並受其學。

及秦始皇滅先代典籍，焚書坑儒，天下學士逃難散亡！漢興，孝文帝時求能治尙書者天下無有獨濟南伏生名勝字子賤者，故秦博士名能治之，欲召而伏生年九十餘，老不能行；於是詔太常使掌故潁川鼂錯往受之，秦時禁書伏生壁藏之，其後大兵起流亡，漢定，伏生求其書亡數十篇；獨得堯典禹貢甘誓湯誓盤庚高宗肜日西伯戡黎微子大誓牧誓洪範金縢大誥康誥酒誥梓材召誥洛誥多士無逸君奭多方立政顧命費誓呂刑文侯之命秦誓二十九篇。漢書藝文志載尙書經二十九卷蓋卽伏生書也。生以教於齊魯之間博引異言援經申證撰次尙書大傳凡三卷八十三篇其

書兼明大義，不盡釋經；而釋經可据者，如大麓之野，必是山林、旋機之星，實爲北極禰

祖歸假知事死如事生鳥獸咸變見物性通人性十二州之兆祀是祭星辰三千條之

肉刑難解畫象。七始七律文猶見於唐山五服五章制豈同於周世三公絀陟在巡狩

之先重華禪讓居賓客之位。西伯受命逮六載而稱王。元公居攝閱七年而致政成王

弟子記也學者由是頗能言尚書。而晁錯傳伏生書以致汝陽何比干少卿諸山東大

師無不涉尚書以教。最先出者，濟南張生及千乘歐陽生皆伏生弟子也。歐陽生字和

伯傳伏生之學以授同郡兒寬。而寬又治古文尚書於魯國孔安國。有俊才舉侍御史，

見武帝語經學上曰：『吾始以尚書爲樸學弗好及聞寬說可觀乃從寬問一篇』歐

陽大小夏侯氏皆出於寬傳伏生書而說多違異如大夏侯說萬方之事大錄於君見

漢書于定國傳；背伏生大麓之說一矣。小夏侯說周公封弟康叔號曰孟侯見地理志；

背伏生迎侯之說二矣。夏侯說虞賓在位爲不臣丹朱見白虎通背伏生舜爲賓客之

說三矣。歐陽夏侯說天子服十二章公卿服九章見續漢輿服志；背伏生五服五章之

說四矣。接兒寬爲伏生再傳弟子，歐陽大小夏侯之所自出，而歐陽大小夏侯說多違

異伏生者或者以寬受孔安國古文尚書而雜用古文之說也。寬授歐陽生子，世世相

傳，至曾孫高子陽。由是尚書世有歐陽氏學濟南林尊長賓者事歐陽高爲博士論石

渠，後至少府太子太傅平陵平當子思梁陳翁生武帝時當以經明禹貢使行河爲

騎都尉領河隄，由是陳山川言治河者別出禹貢爲尚書專家之學其端實自平當發

之。當至丞相翁生信都太傅家世傳業，由是歐陽有平陳之學翁生傳琅邪殷崇楚國

龔勝君賓爲博士，勝右扶風而平當傳九江朱普公上黨鮑宣子都普爲博士宣

司隸校尉宣與龔勝，皆著高節知名者也。濟南張生爲博士魯國夏侯都尉從受尚書

以傳族子始昌始昌之族子曰勝長公者少孤好學從昌受尚書及洪範五行傳說

災異後事同郡簡卿簡卿者兒寬門人而勝又從歐陽氏問爲學精熟非一師也徵爲

博士光祿大夫會昭帝崩昌邑王嗣立數出勝當乘輿前諫曰：『天久陰不雨臣下有

謀上者』王怒謂勝祆言縛屬吏吏白大將軍霍光是時光與車騎將軍張安世謀欲

廢昌邑王光讓安世以爲泄語安世實不言迺召問勝勝對言：『洪範傳曰：『皇之不

極，厭罰常陰時則下人有伐上者」惡察察言，故言臣下有謀。」光安世大驚由是推

陰陽言災異者；別出洪範五行爲尚書專家之學其端實自夏侯勝發之。勝從父子建

字長卿自師事勝及歐陽高左右采獲又從五經諸侯問與尚書相出入者牽聯以次

章句具文飾說勝非之曰：『建所謂章句小儒破碎大道」建亦非勝爲學疏略難以

應敵。建卒以自頤門名經爲議郎博士至太子少傅。勝用尚書授上官太后官長信少

府遷太子太傅受詔撰尚書論語說賜黃金百斤年九十卒官賜冢塋太后賻錢二百

萬，爲勝素服五日以報師傅之恩。尚書有大小夏侯之學。齊人周堪

少卿魯人孔霸次儒皆事大夏侯勝。霸爲博士堪譯官令論於石渠經最高後爲太

子少傅，而孔霸以大中大夫授太子。太子即位爲元帝，累擢堪爲光祿勳堪傳牟卿 或疑

牟融之 同族 及長安許商長伯牟卿爲博士霸以帝師賜爵關內侯號褒成君傳子光子夏亦事牟

卿，至丞相由是大夏侯有孔許之學許商明洪範五行，善推陰陽災異，著五行傳記一

篇，見漢書藝文志四至九卿，號其門人沛唐林子高爲德行，平陵吳章偉君爲言語重

泉王吉少音爲政事，齊炔欽幼卿爲文學王莽時林吉爲九卿自表上師冢，大夫博士

郎吏爲許氏學者各從門人會車數百兩，儒者榮之！欽章皆爲博士徒衆尤盛！此大夏

侯之學也傳小夏侯之學者，有平陵張山拊張賓爲博士論石渠至少府授同縣李尋

子長鄭寬中少君山陽張無故子儒信都秦恭君陳留假倉子驕無故善修章句爲

廣陵太傅守小夏侯說文恭增師法至百萬言爲城陽內史倉以謁者論石渠至膠東

相。寬中以博士授太子，即位爲成帝賜爵關內侯遷光祿大夫，領尚書甚尊重寬中等

守師法教授尋獨好洪範災異又學天文月令陰陽事由是小夏侯有鄭張秦假李氏

之學寬中傳東郡趙玄無故傳沛唐尊伯高恭傳魯馮賓爲博士；王莽太傅玄哀

帝御史大夫至大官，知名者也。自武帝立五經博士書惟有歐陽至宣帝乃增立大小

夏侯。夏侯尚書依伏生篇數；而歐陽氏則分盤庚爲三；故大小夏侯章句各二十九卷，

大小夏侯解詁二十九篇，與伏生經二十九卷同而歐陽章句得三十一卷，見漢書藝

文志是爲今文尚書古文尚書者出孔子壁中而藏之者或說孔騰或說孔鮒未詳孰

是。武帝末，魯共王壞孔子宅，欲以廣其宮，而得古文尚書及禮記論語孝經凡數十篇，

皆古字也。共王往入其宅聞鼓琴瑟鐘磬之音，於是懼乃止不壞宅悉以書還孔氏孔

安國者，孔子十一世孫也；得其書以所聞伏生之書考論文義定其可知者為隸古定，

更以竹簡寫之增多伏生十六篇；曰舜典汨作九共大禹謨棄稷五子之歌允征湯誥

咸有一德典寶伊訓肆命原命武成旅獒問命內九共分為九則出八篇為二十四篇，

而又增析伏生二十九篇之盤庚太誓皆為三漢書藝文志著錄尚書古文經四十六

卷為五十七篇者是也。蓋尚書茲多於是矣！安國獻之遭巫蠱未列於學官安國為博

大夫以傳都尉朝而司馬遷亦從安國問故，撰史記載堯典禹貢洪範微子金縢諸篇，

探今文而不用古文說。都尉朝傳膠東庸譚譚傳清河胡常少子，以明穀梁春秋為諫

士部刺史又傳左氏常傳貌徐敖敖為右扶風掾又傳毛詩授王璜平陵塗惲子真。

真傳河南桑欽君長世所傳百兩篇者出東萊張霸分析合二十九篇以為數十又採

左氏傳書敘為作首尾凡百二篇；篇或數簡文意淺陋成帝時光祿大夫劉向校經傳

諸子求尚書古文者霸以能為百兩篇徵以中古文校之非是是為最先出之偽古文

尚書而中古文者蓋卽安國所獻者也。劉向以中古文校歐陽大小夏侯三家經文酒

誥脫簡一召誥脫簡二率簡二十五字脫亦二十五字簡二十二字脫亦二十二字文

字異者七百有餘，脫字數十；而向治穀梁春秋，數其禍福，傳以洪範，成尚書洪範五行

傳論十一卷漢書藝文志隋書經籍志著錄者是也。自孝武時夏侯始昌通五經，善推

五行傳以傳族子夏侯勝，下及許商，皆以敎所賢弟子其傳與劉向同惟劉歆傳獨異。

歆向之子也受詔嗣父領校祕書貴幸欲建立左氏春秋及毛詩逸禮古文尚書皆列

於學官哀帝令歆與五經博士講論其義博士或不肯置對歆移書太常切責之諸儒

皆怨恨卒不果立！王莽時諸學皆立，而王璜塗惲之傳古文尚書者皆貴顯矣。由是尚

書有古文之學時世祖龍潛在野之長安受尚書於中大夫盧江許子威未詳今古文

誰宗既中興漢業立五經博士尚書歐陽大小夏侯；而古文不與立焉！疑亦習今文尚

書也今文歐陽尚書後漢傳習最盛自顯宗以下，諸帝者罔不習歐陽焉！則桓氏之故

也。沛郡桓榮春卿少學長安，習歐陽尚書，事博士九江朱普，精力不倦十五年不窺家

園；敎授徒衆數百人。世祖即位既立顯宗為皇太子，選求明經迺選榮弟子豫章何湯

仲弓為虎賁中郎將以尚書授皇太子世祖從容問湯本師為誰？湯對『事沛國桓榮。

』帝即命榮令說尚書甚善之拜議郎入使授太子每朝會輒令榮於公卿前敷奏經

書。帝稱善曰『得生幾晚!』會歐陽博士缺，帝欲用榮，榮謙對『經術淺薄，不如同門生

郎中彭閎作明揚州從事皋宏奉卿也!』帝曰『俞往汝諧』因拜榮爲博士引閎宏

爲議郎。車駕幸太學會諸博士論難於前，榮被服儒衣溫恭有蘊藉辨明經義每以禮

讓相厭不以辭長勝人，儒者莫之及!特加恩賞常令止宿太子宮積五年，榮薦門下生

九江胡憲侍講，乃能得出旦一入而已累擢太常顯宗即位尊以師禮嘗幸太常府令

榮坐東南設几杖會百官及榮門生數百人。天子親自執業每言輒曰『太師在是!』迺封

會三雍成拜榮爲五更。每大射養老禮畢帝輒引榮及弟子升堂執經自爲下說

榮爲關內侯食邑五千戶門徒多仕公卿潁川丁鴻孝公趙國張禹伯達汝南張酺孟

侯，皆至三公榮少子郁字仲恩，少以父任爲郎，敦厚篤學傳父業以尚書教授門徒常

數百人。榮卒襲爵顯宗以郁先師子甚見親厚常居中論經書問以政事稍遷侍中帝

自制五家要說章句令郁校定於宣明殿。永平十五年入授皇太子經太子即位爲肅

宗；累遷屯騎校尉和帝即位富於春秋侍中竇憲自以帝舅之重欲令少主頗涉經學。

上疏皇太后曰：『昔五更桓榮親爲帝師子郁結髮敦尚繼傳父業故再以校尉入授

先帝父子給事禁省，更歷四世。今白首好禮，經行篤備宜令郁入教授』由是遷長樂

少府復入侍講。頃之，轉侍中奉車都尉。永元四年代丁鴻為太常郁教授二帝恩寵甚

篤；門人宏農楊震伯起、京兆朱寵仲威皆至三公初榮受朱普學章句四十萬言及榮

入授顯宗減為二十三萬言；郁復刪省定成十三萬言由是有桓君大小太常章句郁

中子焉以父任為郎能世傳其家學永初元年，入授安帝。而侍中南陽鄧宏亦以帝舅

治歐陽尚書授帝禁中然不如焉之三代帝者師推世儒宗三遷為侍中步兵校尉永

寧中順帝立為皇太子以焉為太子少傅月餘遷太傅帝即位累官太尉弟子傳業

者數百人；江夏黃瓊世英宏農楊賜伯獻皆至三公最知名。孫典字公雅復傳其家業，

以尚書教授潁川門徒數百人。桓氏自榮至典，世宗其道；父子兄弟代作帝師，受其業

者皆至卿相，顯乎當世，而學最高，稱儒宗者莫如丁鴻、張酺及楊震、楊賜祖孫父子也！

張楊兩氏家世傳經，張酺楊賜先後帝師，骨足繩徽師門者焉。考之於史：丁鴻年十三

與九江人鮑駿同事桓榮，受歐陽尚書，三年而明章句，善論難，為都講，經學至行，顯宗

甚賢之！詔徵鴻至，卽召見，說文侯之命篇，賜御衣及綬稟食公車，與博士同禮。蕭宗詔

鴻與廣平王羨及諸儒太常樓望少府成封屯騎校尉桓郁衛士賈逵等論定五經同

異於北宮白虎觀使五官中郎將魏應主承制問難侍中淳于恭上帝親稱制臨決。鴻

以才高論難最明；諸儒稱之。帝數嗟美焉！時人歎曰：『殿中無雙丁孝公！』數受賞賜，

累擢少府門下由是益盛遠方至者數千人；彭城劉愷北海巴茂九江朱倀皆至公卿。

陳留陳弇叔明亦受歐陽尚書於鴻。仕為蘄長。而鴻累轉司徒行太尉。張酺祖父充與

世祖同門學通尚書。酺傳祖業又事桓榮勤力不息聚徒以百數。顯宗為四姓小侯開

學於南宮置五經師，酺以尚書教授數講於御前以論難當意，除為郎賜車馬衣裳遂

令入授皇太子。酺為人質直守經義每侍講間隙數有匡正之辭以嚴見憚。及蕭宗即

位擢侍中虎賁中郎將數月出為東郡太守自酺出後帝每見諸王師傅嘗言：『張酺

前入侍講屢有諫正闇闇惻惻有史魚之節！』會東巡幸東郡，引酺及門生并郡縣掾

吏會庭中帝先備弟子之儀使酺講尚書一篇然後修君臣之禮賞賜殊特莫不沾洽；

累轉太尉司空子藩曾孫濟亦世其學楊震父寶本習歐陽尚書而震又受歐陽尚書

於桓郁明徵博覽無不窮究諸儒為之語曰：『關西夫子楊伯起！』仕至司徒中子秉，

字叔節少傳父業兼明京氏易博通書傳；仕爲任城相。桓帝卽位以明尙書徵入勸講，

拜大中大夫左中郎將累轉太尉子郎賜也少傳家學篤志博聞仕爲侍中越騎校尉。

建寧初靈帝當受學詔太傅三公選通尙書桓君章句宿有重名者三公舉賜乃侍講

於華光殿選少師光祿勳累轉司徒行辟雍禮引賜爲三老又拜太尉封臨晉侯初賜

薦張濟明習典訓；因與濟及太尉劉寬並入侍講至是辭不宜獨受封賞願分戶邑寬

濟帝嘉歎復封寬及濟子寬少學歐陽尙書京氏易尤明韓詩外傳星官風隅算曆皆

究極師法稱爲通儒；而以明尙書與賜同入侍講賜子彪字文先亦傳家學。此桓氏門

下生之傳歐陽尙書最爲高第者也：其他後漢經師之世傳歐陽尙書者曰樂安歐陽

氏自前漢歐陽生傳伏生尙書至歙字王思，八世皆爲博士歙既傳業而恭謙好禮讓；

世祖卽位，累仕遷汝南太守；在郡敎授數百人。濟陰曹曾字伯山，從歙受尙書，門徒三

千人位至諫議大夫。而汝南高獲字敬公少遊學京師與光武有舊亦嘗師事歙焉；歙

子祉河南尹傳父業敎授曰上黨鮑氏自前漢鮑宣受歐陽尙書於平當傳子永字君

長少有志操能習歐陽尙書世祖卽位累仕至兗州牧子昱字文泉少傳父學客授東

平累官太尉子德，修志節，亦有名稱，至大司農凡。此諸儒皆授受有原，師承可考者：至

師承不可考者樂安牟長君高少習歐陽尚書不仕王莽世祖即位大司空宋弘特辟，

拜博士稍遷河內太守諸生講學者常有千餘人著錄前後萬人著尚書章句四十五

萬餘言皆本之歐陽氏俗號為牟氏章句。而敦煌張奐字然明者，常受歐陽尚書於朱

奐傳章懷太子注時牟卿受書於張堪為博士故有牟氏章句不知何據倘參觀范書諸傳當知牟氏章句，自指牟長所撰者耳且牟卿之師係周堪非張堪而張堪本傳亦不言堪智牟卿倘智尚書也。　歐

寵養徒千人著尚書記難三十餘萬言顧以為牟氏章句浮辭繁多減為九萬言：後漢書張

上書桓帝奏其章句詔下東觀，與牟氏並牟長子紆又以隱居教授門生

千人。此外又有潁川太守京兆宋登叔陽，太尉河內杜喬叔榮，處士豫章徐稺孺子汝

南太守南陽宗資叔都，處士汝南廖扶文起，侍中蜀郡董扶茂安皆習歐陽尚書，教授

數百千人蓋東漢尚書今文之學罔有盛於歐陽氏者矣！其以大夏侯尚書教授可考

見者三人曰遼東太守南陽宋京及子司隸校尉宋意伯意曰太尉北海牟融子優曰

大司農濟陰張馴子儵以小夏侯尚書教授可考見者一人曰大司徒司直東海王良

仲子以夏侯尚書相傳而未詳大小何所屬者曰廣漢楊統仲通楊厚仲桓父子未若

歐陽尚書傳習之盛也！時亦有初習歐陽尚書而後受古文者曰諫議大夫南陽尹敏

幼季世祖初卽位，上疏陳洪範消災之術曰大中大夫陳留楊倫仲理史稱『少為諸

生，師事司徒丁鴻，習古文尚書』然余考丁鴻習歐陽尚書，而後受古文尚書於桓榮具如所記不聞其

通古文倫亦如尹敏之初習歐陽尚書，而後受古文尚書者耶古文尚書之專習者曰汝

南周防偉公年十六仕郡小吏；世祖巡狩汝南，召掾史試經；防尤能誦讀，拜為守丞。防

以未冠謁去師事徐州刺史蓋豫受古文尚書撰尚書雜記三十二篇四十萬言累仕

至陳留太守又有魯國孔僖仲和孔昱元世者。安國後也；自安國以下世傳古文尚書。

古文尚書之有孔氏比之歐陽尚書之有歐陽氏矣其他汝南周磐堅伯蜀郡張楷公

超潁川劉陶子奇，濟陰孫期仲或，中山劉佑伯祖，亦皆習古文尚書。而楷作尚書注。陶

推三家尚書及古文是正三百餘事名曰中古文尚書然後漢之言古文尚書者胥推

扶風杜林伯山為繼別之宗方王莽之敗林則辟兵河西，得漆書古文尚書一卷常寶

愛之雖遭艱困握持不離，身既還三輔，世祖徵拜侍御史，問以經書，京師士大夫咸推

博洽河南鄭興少贛東海衞宏敬仲等皆長於古學與嘗師事劉歆；林既遇之欣然言

曰『林得興等固諧矣！使宏得林，且有以益之。』及宏見林，闇然而服！濟南徐巡始師

事宏後皆更受林學。林出漆書以示宏等曰：『林流離兵亂常恐斯經將絕何意東海

衞子濟南徐生復能傳之是道竟不墜於地也古文雖不合時務然願諸生無悔所學！

』宏因爲作訓注。於是古文遂行。林同郡賈逵景伯亦爲作訓。而逵之父曰徽者受古

文尚書於塗惲逵能傳父業能以大夏侯尚書教授蕭宗立降意儒術；特好古文尚書左

氏傳建初元年，詔逵入講北宮白虎觀南宮雲臺逵數爲帝言古文尚書與經傳爾雅

詁訓相應詔令撰歐陽大小夏侯尚書古文同異逵撰集爲三卷又爲杜林傳古文尚

書作訓。林同郡馬融季長又爲作傳。北海鄭玄康成先受古文尚書於東郡張恭祖既

乃西入關因涿郡盧植子幹事馬融受杜林漆書古文爲作注解盧植少與鄭玄俱事

馬融受古學好研精作尚書章句其書皆不得獨馬融注十一卷鄭玄注九卷著目隋

書經籍志古文之得大顯於世者，則馬融鄭玄之力也！鄭玄書贊云：『我先師棘下生

子安國亦好此學自世祖興後漢衞賈馬二三君子之業則正材好博既宣之矣』贊書

見正義云棘下生者棘下地名也水經注二十六卷引鄭志曰『張逸問贊云「我先
師棘下生何時人」鄭答云「齊田氏時善學者所會處也齊人號之棘下生」無常

人也」云子安國者，尊之爲師，故子之也。又云：「歐陽氏失其本義。」則是鄭玄者固淵原於孔安國氏，而又津逮夫杜林漆書者也乃馬融書敍云：「逸十六篇絕無師說」豈都尉朝庸生等所傳但習其句讀而不解其文誼歟？抑豈先有其說而後亡之歟？彼張楷之註、衛賈之訓並止解二十九篇而不解十六篇歟？（見正義）厥後鄭玄作註可謂集諸儒之大成矣！其書分盤庚太誓皆爲三篇，分顧命「王若曰」以下爲康王之誥，計三十四篇合逸（陸德明經典釋文首卷云「馬鄭所註並伏生所誦非古文也」孔穎達尚書正義云「鄭註尚書篇數並與三家同」是鄭未註二十四篇也）篇二十四凡五十有八篇然所註者三十四篇而已豈二十四篇之誼未有聞於師而不敢以己意說歟？抑豈殘缺失次，不可讀歟既議郎陳留蔡邕伯喈以經籍去聖久遠文字多謬俗儒穿鑿疑誤後學，乃與光祿大夫楊賜等奏求正定六經文字靈帝許之邕乃自書册於碑，使工鐫刻立於太學門外於是後儒晚學咸取正焉其尚書則今文歐陽夏侯二家之所說也。（據尚書正義 孔穎達序）東海王朗景興以通經師太尉楊賜而賜則受歐陽尚書於桓焉者也則王朗者爲之再傳弟子，而亦治歐陽尚書者矣後爲會稽太守爲孫策所俘；魏太祖輔漢政，徵拜諫議大夫參司空軍事魏國建累轉司徒子肅字子雍累官中

領軍，加散騎常侍以儒宗為名臣，撰尚書注十一卷，尚書駁義五卷載隋書經籍志及高貴鄉公講尚書榮陽鄭沖文和以司空執經親授與侍中高密鄭小同俱被賞賜鄭小同者，鄭玄之孫也則是高貴鄉公者當是治鄭注古文尚書者矣既幸太學與博士論尚書問三事一事曰「鄭玄云『稽古同天』言堯同於天也王肅云『堯順考古道而行之』二義不同何者為是。博士庾峻對曰：『先儒所執各有乖異臣不足以定之然洪範稱『三人占從二人。』賈馬及蕭皆以為『順考古道』以是言之蕭義為長。」帝曰：「仲尼言『惟天為大惟堯則之』堯之大美在乎則天。『順考古道』非其至也今發篇開義以明聖德而舍其大更稱其細豈作者之意耶？」峻對曰：『臣奉師說未喻大義至於折中裁之聖思」。此高貴鄉公之申鄭黜王也。然王肅之說與賈馬不違蓋蕭善賈馬之說，而不好鄭氏；非不通習古文者也。此以知魏以古文尚書立博士矣！吳國士大夫之通尚書者獨稱琅邪諸葛瑾子瑜廣陵張紘子綱。尚書而瑾少游京師治毛詩尚書左氏春秋獨尚書不詳何家？然以毛詩左氏春秋皆古文推之當是古文尚書也。蜀士無得而稱者焉！晉世祕府所藏有古文尚書經文後

無傳者！及永嘉之亂，今文歐陽大小夏侯尚書並亡。濟南伏生之傳，惟劉向父子所傳

尚書洪範五行傳論是其本法而又父子乖戾江左中興元帝時豫章內史汝南梅賾

仲眞奏上古文尚書孔安國傳然考漢書藝文志敍古文尚書但稱『安國獻之遭巫

蠱事未立於學官；』而儒林傳亦但稱『孔安國以今文讀之因以起其家；』不云安

國作傳則是安國作傳已嫌羌無依據而其書析伏生二十九篇爲三十三，增益二十

五篇以傳合於劉向別錄，言『尚書五十八篇』之數散百篇之敍引冠篇端而亡篇

之敍列次其間其篇章之離合篇目之存亡絕與兩漢所傳不合而立說多本王肅。

自言：『古文尚書受之城陽臧曹；而曹受之城陽太守天水梁柳洪季柳受之扶風蘇

愉休預。愉受之太保公鄭沖』授受淵原如此然考鄭沖在魏授尚書高貴鄉公而高

貴鄉公譯尚書太學乃據鄭注以難王誼具如前載然則沖所授高貴鄉公者當是鄭

氏尚書何緣傳目沖之古文尚書孔安國傳而轉本王誼立說者耶？後儒謚之曰僞，非

苟誣也！安定皇甫謐士安，梁柳之從舅子也亦受孔傳之古文尚書故作帝王世紀，往

往載僞孔五十八篇之說。謚高名宿學儒者宗之；既相讚述逐翁然信奉以爲孔氏古

文於是復出其書復闕舜典一篇。齊明帝時，吳姚方興於大航頭得其書奏上比鄭

所注多二十八字；於是始列國學然鄭義兼行梁陳所講有孔鄭二家，北朝惟得鄭義，

至隋初，始行孔傳其爲義疏者有梁兼國子助教孔子祛撰尚書義二十卷；集注尚書

二十卷國子助教巢猗撰尚書百釋三卷；尚書義三卷；國子助教費甝撰尚書義疏十

卷；司徒蔡大寶撰尚書義疏三十卷；隋太學博士劉炫撰尚書述義二十卷；尚書義疏

七卷祕書學士顧彪撰尚書義疏二十卷，尚書文外義一卷具載隋書經籍志皆据梅

賾上僞孔安國傳古文尚書也。隋太學博士劉焯亦爲僞孔作疏，聰明博學，與劉炫齊

名時稱二劉。劉炫字光伯，河間人；劉焯字士元，信都人。至唐孔穎達奉詔纂五經義疏，

乃因梅賾之僞孔焯炫之義疏，撰定尚書正義二十卷序稱：『古文經雖然早出，晚始

得行。其爲正義者，蔡大寶巢猗費甝顧彪劉焯劉炫等其諸公旨趣多或因循帖注

文義皆淺略，惟劉焯劉炫最爲詳雅然焯乃織綜經文穿鑿孔穴詭其新見異彼前儒，

非險而更爲險，無義而更生義竊以古人言誥惟在達情雖復時或取象不必辭皆有

意若其言必托數經悉對文斯乃鼓怒浪於平流震驚飆於靜樹使教者煩而多惑學

者勞而少功，過猶不及，良爲此者也！炫嫌燁之煩雜，就而刪焉雖復微稍省要，文好改

張前義義更太略辭又過華雖爲文筆之善，乃非開獎之路義既無義文又非文欲使

後生若爲領袖此乃炫之所失，未爲得也！』揚榷諸家，儻亦辭嚴予奪具有裁斷者也

耶！惟穎達惙以梅賾以上之書爲壁中古文而爲之正義，反斥鄭注書序之二十四篇，

爲張霸僞造而不知世所傳百兩篇者，出張霸，載漢書儒林傳甚明；而非鄭注書序之

二十四篇。二十四篇者合今文爲五十七并敘爲五十八與漢書藝文志劉向別錄皆

符；而合九共爲一則十六篇又與漢書藝文志相應是實出於安國，自都尉朝以下遞

有師承而有徵者也乃穎達云：「藝文志云：『孔安國者孔子後也悉得其書以古

文又多十六篇』即是僞書二十四篇也。」是直斥安國所得之壁中古文爲僞書矣！

夫梅氏之書不知誰何妄人僞作以誣安國爲安國子孫者當力辨其非乃穎達竟信

奉以爲先祖之書而曲爲回護反斥其先祖之十六篇爲僞是不祖其祖而祖他人！安

國何不幸而有此不肖之孝孫哉由是梅賾之僞孔傳行而孔安國之古文尚書馬融

之所傳，鄭玄之所注者胥偕今文歐陽大小夏侯以俱亡！夫書以道政事儒者不能異

說也。諸家聚訟不外四端：曰今文古文曰錯簡，曰承貢山水曰洪範疇數，漢儒發其端，而宋儒演其緒。然宋儒持論多與漢儒不同者，蓋漢儒重師法。宋學尚獨見。漢儒好附會宋儒病師心也。洪範疇數之說，始西漢今文家伏生大傳以下逮京房劉向諸人以陰陽災異附合洪範五事庶徵之文而宋儒又流爲象數之學惟圖書同異之是辨，經義愈不能明。獨泰州胡瑗翼之生於北宋盛時學問最爲篤實撰洪範口義二卷，務在發明天人合一之旨不尚新奇如謂「天錫洪範」爲錫自帝堯不取神龜貢文之瑞；謂五行次第爲箕子所陳，不辨洛書本文之多寡謂五福六極之應通於四海不當指一身而言駁正梅傳孔疏自抒心得又詳引周官之法推演八政以經注經特爲精確；其要皆歸於建中出治定皇極爲九疇之本辭雖平近而深得聖人立訓之要遠勝漢儒托聖經而演禨祥也惟瑗明天人合一之旨立說尚本漢儒；而臨川王安石介甫則直持天人不相與天變不足畏之論以破伏生董仲舒劉向言洪範五行災異之蔽撰洪範傳一卷以庶徵所謂「若」者不當訓順當訓如蓋人君之五事如天之雨暘寒燠風而已安石說經好爲新解類如是矣！神宗初安石以尚書入侍遂與政而子雱元

澤實嗣講事有旨爲之說成新經尚書十三卷以進詔下其說太學頒焉；蓋述其父

之學王氏三經義此其一也。自是朝廷用王氏之說進退多士迨徽欽之際，說經者宗

焉。獨眉山蘇軾子瞻撰東坡書傳十三卷，多駁異其說。今王氏新經尚書不傳，不能盡

考二家同異。但就東坡書傳而論則軾究心經世之學，明於事勢，又長於議論於治亂

興亡，披抉明暢其釋禹貢三江定爲南江中江北江，本諸鄭玄遠有端緒，惟未嘗詳審

經文考覈水道而附益以味別之說，遂以啓後人之議至於以義和曠職爲貳於羿而

忠於夏則侯官林之奇拙齋宗之；以康王之誥服冕爲非禮，引左傳叔向之言爲證則

建陽蔡沈九峯取之。朱子語錄亦稱其解呂刑篇以「王享國百年耄」作一句「荒

度作刑」作一句，甚合於理。後與蔡沈帖雖有「蘇氏失之簡」之語然語錄又稱「

或問『諸家書解誰最好莫是東坡』？曰『然！』又問『但若失之太簡』。曰『亦有

只須如此解者』。」則又未嘗以簡爲病洛閩諸儒以程子被軾譏訶之故與軾水火，

獨於此書有取焉蓋宋儒之說書者實推軾及林之奇最條暢云！之奇之持論力排王

氏新經與蘇軾同指中紹興二十一年進士第累轉校書郎南渡以後王氏新經之說

已替，而朝廷欲令學者參用其說之奇上言：『王氏三經，率爲新法也，晉人以王何清

談之罪，深於桀紂。本朝靖康禍亂，考其端倪，王氏實貽王何之責。在孔孟書，正所謂邪

說詖行淫辭之不可訓者。』雖深文周內，未爲實錄；然之奇說書頗多新解；撰尚書全

解四十卷雖止洛誥不爲全解而中以陽鳥爲地名三俊爲常伯常任準人皆未嘗依

傍前人至其辨析異同貫穿史事覃思積悟實卓然成一家言呂祖謙之書學卽受諸

之奇者也。龍游夏僎柯山雖不及之奇之門然撰尚書辭解二十六卷反覆條暢博采

梅氏僞孔孔穎達王安石蘇軾林之奇及諸儒之說深究詳繹使唐虞三代之大經大

法燦然明白而其中取林之奇之說者實什之六七蓋淵源在是矣至金華呂祖謙伯

恭初本受學於之奇撰東萊書說十卷先之奏誓費誓者欲自其流而上泝於唐虞之

際也；辭旨所發不能不敷暢詳至者欲學者易於覽習而優游饜飫以漸造自得也；

訖於洛誥而遂以絕筆者蓋以是終而祖謙卽以是始所以終始師說爲尚書

一家之學也雖然凡此諸儒皆据梅賾僞孔傳而莫適疑爲僞者疑之自武夷吳棫才

老始其言曰：『伏生傳於旣耄之時而安國爲隸古又特定其所可知者而一篇之中，

一簡之內，其不可知者，蓋不無矣；乃欲以是盡求作書之本意與夫本末先後之義，其亦可謂難矣！而安國所增多之書，今書目具在，皆文從字順，非若伏生之書屈曲聱牙，至有不可讀者。夫四代之書，作者不一，乃至二人之手，而遂定爲二體乎？其亦難言矣！』撰書裨傳十三卷，首卷舉要，曰總說，曰書序，曰君辨，曰臣辨，曰考異，曰詁訓，曰差牙〔吳棫，宣和六年第進士，紹興中爲太常丞，忤秦檜，出爲泉州通判。新昌黃度文叔，名輩雖視棫差後，而度紹興間登進士，寧宗時爲御史，劾宰相韓侂胄等〕，曰孔傳，凡八篇。惟其書始出，未爲世所深信，故僞孔傳爲主。獨朱子超然遠覽，亦疑孔傳之僞，而著其說於語錄曰：『某疑孔安國書是假書。比毛公書如此高簡大段省事。漢儒訓釋文字多是如此，有疑則闕，今此卻盡釋之，豈有千百前人說底話，收拾於灰燼屋壁中，與口傳之餘，更無一字訛舛理會不得如此。可疑也！兼小序皆可疑。目說堯典一篇，目說堯一代爲治之次序，至讓於舜方止，今卻說是讓於舜後方作。舜典亦是見一代政事之終始，卻說歷試諸難，是爲要受讓時作也。至後諸篇皆然。況他先漢文章重厚有力量，他今大序格致極輕，卻疑是晉宋間文章。況孔書是東晉方出，前此諸儒皆不曾見，可疑之甚！』是其抉摘孔傳，視棫尤精

確不磨者矣！顧朱子晚欲作書傳，未及爲；遂以屬門人蔡沈。沈字仲默，號九峯，建陽人；

元定之子也；元定本名儒，尤精洪範之數；然未及論著曰：『成吾書者沈也！』沈受父

師之托沉潛反覆者纍十年，然後成書集傳六卷洪範皇極內篇五卷發明先儒之所

未及。其辨今古文曰『按漢儒以伏生之書爲今文，而謂安國之書爲古文以今考之

則今文多艱澀而古文反平易。或者以爲古文自伏生女子口授寵錯時失之則先秦

古書所引之文皆已如此恐其未必然也？或者以爲記錄之實語難工而潤飾之雅詞

易好故訓誥誓命有難易之不同；然伏生倍文暗誦，乃徧得其所難，而安國

考定於科斗古書錯亂磨滅之餘反專得其所易則又有不可曉者至於諸序之或

頗與經不合而安國之序，又絕不類西京文亦皆可疑獨諸序之本不先傳則賴安國

之序而見。』可謂闡明師說，淵源有自者也！其論洪範數曰：『體天地之撰者易之象。

紀天地之撰者範之數始於一奇。象成於二偶奇者數之所以立偶者數之所以行。

故二四而八八卦之象也。三三而九九疇之數也。由是八八而又八八之爲四千九十

六而象備矣。九九而又九九之爲六千五百六十一而數周矣。易更四聖而象已著範

錫神禹而數不傳』乃衍洪範九數爲八十一章，而配以月令節氣欲以擬易；實本易

家焦京之術特變易數爲洪範以新耳目；蓋開演範之一派者實自沈始焉惟朱子之

說尚書主於通所可通而關其所不可通，見於語錄者不啻再三；而沈之撰書集傳於

殷盤周誥一一必求其解。經朱子點定；而究其實所謂朱子點定者，

亦不免有所竄易。故宋末蘭溪金履祥仁山及元儒休寧陳櫟定宇鄱陽董鼎季亨皆

篤信朱子之學者。而履祥作尚書表注櫟作書傳折衷鼎作書傳纂注咸於沈集傳斷

斷有辭其說禹貢大率用衢州毛晃之說。蓋晃撰禹貢指南四卷其書大抵引爾雅周

禮漢志水經注九域志諸書而旁引他說以證古今山水之原委頗爲簡明雖生於南

渡之後僻處一隅，無由睹中原西北之古蹟一一統核其眞；而援據考證獨不泥諸儒

附會之說故沈集傳多用之亦言禹貢山水者所當考證矣！然宋儒言禹貢山水者莫

詳於休寧程大昌泰之莫卓於義烏傅寅同叔蓋大昌喜談地理之學嘗以吏部尚書

兼經筵進講禹貢闕文疑義疏說甚詳是禹貢實爲大昌專門之學所著雍錄及北邊

備對皆刻意冥搜考尋舊蹟而禹貢論六卷證辨尤詳其中前論五卷於江水河水淮

水漢水濟水弱水黑水，皆糾舊傳之誤。後論一卷，則專論河水汴水之患；而殿以山川

地理圖二卷。惟禹跡大抵在中原，而大昌生當南渡，地非親歷，不能闕疑，以此為孝宗

所斥要其援據釐訂實為博洽。後世注禹貢者終不能廢其說也。至傅寅所撰之禹貢

說斷四卷。博引眾說，斷以己意，具有特解，不肯蹈集前人。其論孟子『決汝漢排淮泗

而注之江』為古溝洫之法，尤為諸儒所未及，可謂卓然能自抒所見者！與毛晃之

禹貢指南程大昌之禹貢論驂駕而三矣！特毛晃之禹貢指南見於蔡沈集傳，而程

傳二家，則蔡氏採者少耳。寧宗之世，正蔡氏集傳初出之時。而安福陳經顯之撰尚書

詳解五十卷獨取古注疏，參以新意，與蔡氏頗有異同。雖援後世之事以證古經，或以

駁雜為嫌，然趙注孟子，漢儒已有此例，於經之說奚病？句櫛字比疏證詳明，往往

發先儒所未發，足與林之奇夏僎諸家相為羽翼，固無庸拘蔡氏之學執一格以相

繩也！蒲江魏了翁鶴山者，嘗問業於蔡氏之同門建昌李燔敬子趙州輔廣漢卿；而

朱子之再傳弟子也。然仍篤信梅氏偽孔傳之說；摘梅傳孔疏精要之說，標以目次，撰為

尚書要義十七卷序說十卷，未免拘虛。然梅賾當東晉之初，去古未遠，先儒舊義，往往

而存；注尚書者要於諸家爲最古！而孔穎達正義，詮釋謹嚴，不立同異；而原原本本，考

證粲然故朱子語錄亦謂『尚書名物典制當看疏文』然尚書文既聱牙注疏又復

浩汗，學者卒業爲艱了翁汰其冗長使後人不病於蕪雜而一切考證之實學，已精華

畢擷是亦梅傳孔疏之功臣矣！宋儒疑梅傳孔氏古文之非眞者自吳棫朱子蔡沈始。

既併伏生今文而疑之者，自趙汝談始。汝談字南塘宋之宗室撰書說三卷中疑古文

非眞者五條，蓋吳棫朱子蔡沈之所嘗疑，而未若汝談師心自用；未有如金華王柏魯齋

多所捃擊觝排儻亦變本加厲者耶！然而勇於疑經，於伏生所傳諸篇亦

之甚者也蓋柏勇於疑經之不已，抑又勇於改經；撰書疑九卷以脫簡爲辭臆爲移

補其併舜典於堯典，刪除姚方興所撰二十八字合益稷於皐陶謨此有孔穎達正義

可據者也以大禹謨皐陶謨爲夏書此有左傳可據者也以論語『咨爾舜』二十二

字補『舜讓於德弗嗣』之下；其爲堯典本文抑或爲他書所載，如鬻子述帝王遺語

之類，已不可知以孟子『勞之來之』二十二字補『敬敷五教在寬』之下；則孟子

明作堯言柏乃以爲舜語已相矛盾然亦尚有論誠孟子可據也至於堯典皐陶謨說

命武成洪範多士多政八篇，則純以意為易置一概托之於錯簡；有割一兩節者，有割一兩句者，何脫簡若是之多而所脫之簡又若是之零星破碎長短參差其簡之長短廣狹字之行款疏密茫無一定也。考劉向以中古文校歐陽大小夏侯三家經文酒誥脫簡一召誥脫簡二率簡二十五字者脫亦二十五字簡二十二字者脫亦二十二字。文字異者七百有餘脫字數十載漢書藝文志此實發見脫簡之始然向既校知脫簡，自必一一改正；必不聽其仍前錯亂又惟言『酒誥脫簡一召誥脫簡二』則其餘併無脫簡可知亦不非篇篇悉有顛倒。且『簡二十五字者脫簡二十二字簡二十二字者脫恰得句首簡尾恰得句尾無一句割裂不完之事也。而此二十餘字之中亦必無簡首二十二字』具有明文則必無全脫一章一段之事而柏乃托脫簡之說師心自用勇於改經若此！然宋儒解書之作亦有不以師心為病，而以輯佚為功者閩人黃倫彝文撰尚書精義五十卷薈萃諸說依經臚載不加論斷間有同異亦兩存之其所徵引自漢迄宋亦極賅博惟編次不以時代每條皆首列錢塘張九成子韶之說或者疑卽襲九成所著尚書詳說五十卷而偽托黃氏然九成詳說之目僅見宋史藝文志久經湮

晦；卽使果相沿襲，亦未嘗不可藉是書以傳九成書也。他如楊氏繪顧氏臨周氏範李

氏定司馬氏光張氏沂上官氏公裕王氏日休王氏當黃氏君愈顏氏復胡氏仲王氏

安石王氏零張氏綱孔氏武仲孔氏文仲陳氏鵬飛孫氏覺朱氏震蘇氏洵吳氏孜朱

氏正大蘇氏子才等當時著述，並已散佚遺章騰句，猶得存什一於是編體裁雖涉泛

濫而裒輯之勤，要亦不可盡沒矣！然宋儒尚書諸家，最盛傳者蔡沈，沈雖承朱子

之後疑孔傳古文之偽，然言性言心言學之語，宋人據以立教者其端皆發自古文故

沈雖疑之而不敢論定也其分編今文古文自元儒湖州趙孟頫子昂始其置古文而

專釋今文，自崇仁吳澄草盧始。惟孟頫以書畫名後世罕知其通經者；乃能灼知古文

尚書之偽，撰書今古文集註而序之曰：「詩書禮樂春秋皆經孔子刪定筆削後世尊

之以爲經。秦火之後，樂遂無復存書，詩書禮春秋，西漢以來，諸儒有意復古殷勤收拾而

作僞者出焉學者不察尊僞爲眞俾得並行以售其欺書之古文是已。嗟夫！書之僞書

二帝三王之道，於是乎在不幸而至於亡於不幸之中幸而有存者，忍使僞亂其間耶！

又幸而覺其僞忍無述焉以明之，使天下後世常受其欺耶！余故分今文古文而爲之

集註焉。嗟夫！可與知者道，難與俗人言也！余恐是書之作，知之者寡而不知者之衆也！

昔子雲作法言，時無知者；曰『後世有子雲，必愛之矣。』庸詎知今之世，無與我同

者哉？」惜孟頫之書不傳，而與孟頫同志者時獨有一吳澄。澄贈別孟頫詩云：『識君

維揚驛，玉色天人表。伏梅千載事，疑讞一了也』者也！因撰書纂言四卷，專釋今文自

序謂『晉世晚出之書，別見於後』。然此四卷以外實未釋古文一篇也。考漢代治尚

書者伏生今文傳爲大小夏侯歐陽三家。孔安國古文別傳都尉朝庸生胡常自爲一

派。是今文古文本各爲師說。澄專釋今文尚爲有合於古義，非王柏書疑舉歷代相傳

之古經肆意刊創者比。惟其顚倒錯簡皆以意自爲則與王柏譏然要與孟頫不失

爲元儒之錚錚者也！元仁宗延祐二年，議復貢舉定尚書義用蔡沈集傳休寧陳櫟定

字初作書傳折衷，頗論蔡氏之失。迨法制旣定乃改作尚書集傳纂疏凡六卷於蔡傳

有增補無駁正。而駁正蔡傳之尚書折衷乃佚不傳自序稱『聖朝科舉與行諸經四

書一是以朱子爲宗。書宗蔡傳固亦宜然』云云。蓋延祐設科以後功令如斯，故不敢

有所出入也。然元制猶兼用梅傳孔疏，故吉水王充耘與耕作書義衿式主張題義須

依功令，仍得本梅傳孔疏立說，而不用蔡傳也。充耘撰讀書管見二卷，所說與蔡傳尤

多異同，其中如謂堯典乃舜典之緣起，本爲一篇，故曰虞書謂九族既睦既當訓盡謂

象以典刑爲各象，其罪而加之，非垂象之意；謂同爲逆河，以海潮逆入而得名，皆非故

爲異說者至彭蠡陳師凱則又於名物度數，蔡傳所稱引而未詳者，一一博引繁稱析

其端委然蔡傳歧誤之處，則不復糾正，蓋如孔穎達諸經正義，主於發揮注文，不主於

攻駁注文也。獨明太祖聰明首出考驗天象，知蔡傳日月五星運行之說不合詔徵天

下儒臣定正之命翰林院學士劉三吾等總其事書成賜名書傳會選凡六卷。每傳之

下，繫以經文及傳音釋；於字音字義字體辨之甚詳其傳中用古人姓氏古書名目必

具出處兼亦考證典故於蔡傳之合者存之不預立意見以曲肆詆排其不合者則改

之，亦不堅持門戶以巧爲回護計所糾正凡六十六條。中如堯典謂天左旋，日月五星

違天而右旋高宗肜日謂祖庚繹於高宗之廟；西伯戡黎謂是武王；洛誥惟周公誕保

文武受命惟七年謂周公輔成王之七年皆採諸家之說以弼蔡傳之違是洪武中尚

不以蔡傳爲主其專主蔡傳定爲功令者則始自明成祖時行在翰林院學士胡廣等

之奉敕撰書傳大全，大旨本陳櫟陳師凱，主於發明蔡傳。蔡傳舊為六卷，大全分為十卷。自是蔡氏傳成不刊之典，而梅氏孔傳亦若存若亡矣。然明儒有灼知梅氏孔傳之偽而駁之者，旋德偁梅驚因宋吳棫朱子及元吳澄之說作尚書考異五卷，尚書譜五卷。尚書譜尚以空言詆斥無所依據，如謂孔璧之十六篇出於孔安國所為，則實以臆斷之，別無確證。又謂東晉之二十五篇出於皇甫謐所為，則但據孔穎達疏引晉書謐傳從其姑子外弟梁柳得古文一語，其說亦在影響之間。獨尚書考異謂孔安國序並增多之二十五篇悉雜取傳記中語以成文，則指摘皆有依據。又如謂瀝水出谷城縣，兩漢志並同；晉始省谷城入河北，而孔傳乃云積石山在金城西南，孔安國卒於漢武時，載在史記。元六年始置金城郡，而孔傳乃云出河南北中，漢昭帝始則猶在司馬遷以前，安得知此地名乎？其為依託尤佐證顯然。連江陳季立作尚書疏衍四卷，乃篤信梅氏孔傳以朱子疑之為非；而於梅驚尚書考異尚書譜三編詆排尤力，以為壽張為幻過矣！然第學問淹博，所著毛詩古音考屈宋古音義諸書皆援據該洽，具有根柢，其作是書雖其初不由訓詁入，而實非師心臆斷以空言說經者比，如

論舜典五瑞五玉五器，謂不得以周禮釋虞書，斥注疏家牽合之非；其理確不可易；

武成無錯簡洪範非龜文亦足破諸儒穿鑿附會之說，正未可以拘泥古文排詆梅鷟

一事少之矣惟梅鷟之攻古文蒐采未周考證尚疏人多不信其昌言排擊盡發癥結

者，則始於清儒太原閻若璩百詩若璩年二十，讀尚書至古文二十五篇，卽疑其偽沈

潛三十年，乃引經據古撰古文尚書疏證八卷一一陳其矛盾之故。所列一百二十八

條其最精者謂「漢書藝文志言『魯共王壞孔子宅得古文尚書孔安國以考二十

九篇，得多十六篇」楚元王傳亦云「『逸書十六篇，天漢之後，孔安國獻之。』古文篇

數之見於西漢者如此。而梅賾所上乃增多二十五篇。此篇數之不合也。杜林馬鄭皆

傳古文者。據鄭氏說：則增多者，舜典汩作九共大禹謨益稷五子之歌嗣征典寶湯誥

咸有一德伊訓肆命原命武成旅獒冏命凡十六篇而九共有九篇，故亦稱二十四篇

今晚出書無汩作九共典寶等，此篇名之不合也。鄭康成注書序，於仲虺之誥太甲說

命微子之命蔡仲之命周官君陳畢命君牙皆注曰亡；而於汩作九共典寶肆命等皆

注曰逸逸者卽孔壁書也。康成雖云『受書於張恭祖』然書贊稱『我先師子安國

亦好此學」則其淵源於安國明矣今晚出書與鄭名目互異其果安國之舊耶古文

傳自安國後惟康成所注者得其真今文傳自伏生後惟蔡邕石經所勒者得其正今

晚出書「宅嵎夷，」鄭作「宅嵎鐵；」「昧谷，」鄭作「柳谷；」「心腹腎腸」鄭作

「憂腎陽」「劓刵劅剠」鄭作「臏宮劓割頭庶剠」與真古文既不同矣石經殘

碑遺字見於洪适隸釋者五百四十七字以今書校之不同者甚多。碑云「高宗之

饗國百年」與今書之「五十有九年」異。孔叙三宗以年多少為先後碑以傳叙為

次；則與今文又不同。然後知晚出之書蓋不古不今，非伏非孔，而欲別為一家之學者

也。書序益稷本名棄稷。馬鄭王三家本皆然。蓋別是一篇，中多載后稷與契之言。揚子

雲法言孝至篇云：「言合稷契之謂忠，謨合皋陶之謂嘉。」子雲親見古文，故有此言。

晚出書析皋陶謨之半為益稷。則稷與契初無一言，子雲豈鑿空者耶？班孟堅言：「司

馬遷從安國問政。」故堯典禹貢洪範微子金縢諸篇多古文說。許慎說文解字亦云：「司

「其稱書孔氏。」今以史記說文與晚出書相校又甚不合安國注論語「予小子履，

」以為墨子引湯誓其辭若此不云「此出湯誥」亦不云「與湯誥小異」然則「

予小子履」云云，非眞古文湯誥，蓋斷斷也其注『雖有周親，不如仁人』句；於論語

則云『親而不賢不忠則誅之管蔡是也仁人謂箕子微子來則用之。』於尚書則云

『周至也言紂至親雖多不如周家之多仁人。』其詮釋相懸絕如此豈一人之手筆

乎？傳義多與王肅注合乃孔竊王非先有孔說而王取之也。漢儒說六宗者人人各異。

王肅對魏明帝乃取家語孔子曰『所宗者六』之語，肅以前未聞也。而僞傳已有之；

非孔竊王而何』可謂信而有徵矣！惟若璩謂馬鄭注本亡於永嘉之亂，則殊不然。考

二家之注，隋書藝文志尚皆著目稱『所傳惟二十九篇』蓋去其無師說者十六篇，

止得二十九篇，與伏生數合；非別有一本注孔氏書也若璩誤以鄭逸者即爲所注之

逸篇不免千慮之一失又史記漢書但有安國上古文尚書之說，並無受詔作傳之事；

此僞本鑿空之顯證亦辨僞本至要之肯綮乃置而未言，亦稍疏略。然而反覆釐別以祛

千古之大疑。蕭山毛奇齡大可好爲駁辨，乃作古文尚書冤詞八卷，百計以抵若璩

罅；然終不能以强辭奪正理則有據之言先立於不可敗也。元和惠棟定宇遂因若璩

之說續加考證成古文尚書考二卷以益闡明鄭玄二十四篇之即孔壁眞古文焉然

刊正經文疏明古注，棟猶未之逮也。由是嘉定王鳴盛西莊搜羅鄭注，益以馬王傳疏，

以注二十九篇又作案以釋鄭義於馬王傳疏之與鄭異者，則條析其非折衷鄭氏成

尚書後案三十卷。吳縣江聲艮庭又廣集漢儒之說以注二十九篇漢注不備則旁考

他書精研故訓成尚書集注音疏十二卷皆因惠棟之說，鳴盛嘗問學於棟，聲則棟之弟子也。而以鄭

學爲宗證以許慎說文，輔以馬融傳誼取僞孔之傳辭而闢之，黜其贗而存其眞。古文

尚書之學乃煥焉重光其後金壇段玉裁撰古文尚書撰異三十二卷，陽湖孫星

衍淵如撰尚書今古文注疏三十卷，武進劉逢祿申受撰尚書今古文集解三十卷，則

又間緝今文與古文異同。其中段玉裁於司馬遷史記之異馬鄭者，皆擯爲今文說，斥

今文不如古文獨孫星衍持平於西漢今古文，而知伏生今文書大傳說之勝於馬鄭

古文然於今文歐陽大小夏侯之學三家師說之異同者，又不暇致詳也。邵陽魏源默

深乃撰書古微十二卷以發明西漢尚書今文之微言大義，而闢東漢馬鄭古文之鑿

空無師傳曰：「治尚書者知東晉梅賾之僞以返於馬鄭古文本此齊一變至魯也。知

馬鄭古文說之肊造無師授以返於西漢伏生歐陽夏侯及孔安國問政之學此魯一

変至道也。」侯官陳喬樅樸園又益采撫經史傳注及諸子百家之說,成歐陽夏侯經

說考一卷今文尚書敍錄一卷今文尚書經說考三十三卷實事以求是必溯師承所沿

流以討源務隨家法;而參詳考校則亦有取於馬鄭之傳注爲之旁證引伸。於是今文

尚書之學亦以興廢繼絕惟清季善化皮錫瑞鹿門撰書經通論謂『馬鄭古文與今

文駮異,當與僞孔同一不可信者』。則與魏源同其趣,而與喬樅有取馬鄭之旨微乖

矣!斯亦今文學者之後勁也!其他治禹貢者,於清儒當推德清胡渭朏明,因嘗與閻若

璩共修一統志得縱觀天下郡國之書,而渭素習禹貢謂唐孔氏宋蔡氏於地理多疏

舛,如三江當主鄭康成『左合漢爲北江,右合彭蠡爲南江,岷江居其中則爲中江』

之說;『浮於淮泗達於河』河當從說文作荷,『滎波旣豬』當從鄭康成本作播梁

州之黑水與導川之黑水不可涸而爲一乃博稽載籍及古今經解考其同異而折衷

之依經爲訓章別句從名曰禹貢錐指凡二十卷爲圖四十七篇;於九州山川形勢及

古今郡國分合異同道里遠近夷險犂然若聚米而畫沙也!漢唐以來河道遷徙雖非

禹貢之舊要爲國計民生所繫故於導河一章備考歷代決溢改流之迹而表以圖蓋

経學通志　　八〇

宋以來傳寅程大昌毛晃而下，注禹貢者數十家。精核典贍，此爲冠矣！當塗徐文靖位

山撰禹貢會箋十二卷又因渭所已言而更推尋所未至博據諸書斷以已意較之渭

書益爲精密蓋繼事者易爲功也渭又撰洪範正論五卷大旨以禹之治水本於九疇。

故首言『鯀陻洪水』繼言『禹乃嗣興』終言『天乃錫禹』則洪範爲體而禹貢

爲用互爲推闡厥義乃彰然主於發明奉若天道之理而不爲漢儒之陰陽災異宋儒

之象數圖書其辨證前人之說如謂『漢人專取災祥推衍五行，穿鑿附會事同纖緯。

其病一。洛書本文即『五行五事』至『五福六極』二十字；惟『敬用農用』等十

八字乃禹所加與危微精一之心法同旨初一初二至次九不過是次第名目亦非

龜文所有。龜之有文如木石之文理，有可推辨又如魯夫人公子友有文在手之類；宋

儒創爲黑白之點方圓之體，九十之位變書而爲圖以至九數十數劉牧蔡季通紛紜

更定其病二又洪範原無錯簡；而宋儒王柏等任意改竄其病三。

蓋渭經術湛深，學有根柢，故所論一軌於理，而於漢儒附會之談，宋儒變化之論，咸能

一掃而廓除之也寶應成孺芙卿撰禹貢班義述二卷蓋漢書地理志言『推表山川，

「」本釋禹貢兩漢經師遺說，多存其中；孫據以釋本經最得家法援據精博，顓門之學

也！又以班義述詳於考古，乃復擬撰禹貢今地釋一書首取今地釋漢地更取漢地證

禹蹟期補前書之未備而惜未成書也！殷虛甲骨者遜清光緒戊戌己亥間，河南安陽

縣西北五里之小屯，洹水厓岸，為水齧而崩得龜甲牛骨鑴古文字所記皆殷先王室

所卜祭祀征伐行幸田獵之事故殷先公先王及土地之名所見甚衆。上虞羅振玉叔

言撰殷虛書契考釋兼及書契中所見之人名地名及制度典禮審釋殷帝王名號海

等王國維靜安續成其業成殷卜辭中所見先公先王考續考及殷周制度論各一卷；

其尤得意者商自成湯以前絕無事實史記殷本紀惟據世本紀其世次，而國維於甲

骨中發見王亥王恆之名及上甲以下六代之世系以甲骨文證補尚書而治尚書者

闕一新塗徑為好事者之所誦說云篹尚書志第三。

詩者，所以導達性靈，歌詠情志者也。在心爲志發言爲詩；故哀樂之心感而歌詠之聲發誦其言謂之詩咏其聲謂之歌故古有采詩之官王者所以觀風俗知得失自考正也。夏殷以上詩多不存。姬周始自后稷，而公劉克篤前烈；太王肇基王迹文王光昭前緒；武王克平殷亂成王周公化至太平誦美盛德踵武相繼。幽厲板蕩怨刺並興。其後王澤竭而詩亡！魯太師摯次而錄之，得三千餘篇及至孔子去其重取可施於禮義上采商下取魯凡三百五篇曰：「詩三百一言以蔽之曰『思無邪』。」詩者持也持人情性。關雎之亂以爲風始。鹿鳴爲小雅始。文王爲大雅始。清廟爲頌始。風者聖賢治道之遺化雅以爲後世法。頌誦德廣以美之三者詩之體也。風有周南召南。有邶風鄘風衛風王風鄭風齊風魏風唐風秦風陳風檜風曹風豳風舊說二南者正風；十三國者變風也。上以風化下，下以風刺上主文而譎諫言之者無罪聞之者足戒故曰風。至於王道衰禮義廢政教失國異政家殊俗而變風變雅作矣國史明乎得失之迹傷

人倫之廢哀刑政之苛，吟咏性情以風其上，達於事變而懷其舊俗者也；故變風發乎情止乎禮義發乎情民之性也止乎禮義先王之澤也是以一國之事繫一人之本謂之風言天下之事形四方之風謂之雅雅者正也正言其事言王政之所由廢興而與風之主文譎諫者殊科也政有大小故有小雅焉有大雅焉頌有周頌有魯頌有商頌。頌者，美盛德之形容以其成功告於神明者也是謂四始；詩之至也作詩之法：敘物以言情謂之賦情盡物者也索物以托情謂之比情附物者也觸物以起情謂之興物動情者也賦比與三者與風雅頌并稱為六義先王以是敬夫婦成孝敬厚人倫美教化，移風俗不離日用間，有福天下萬世之意；周南也至誠淳恪秋毫不犯；召南也君子處變淵靜自守邶風也翩翩有俠氣齊風也憂思深遠唐風也秋聲朝氣秦風也深知民情而直體之豳風也忠厚之至，小雅也振刷精神，宣王小雅也深遠，大雅也鋪張事業，宣王大雅也天心布聲周頌也。謹守禮法魯頌也天威大聲商頌也。孔子皆弦歌之以求合韶武雅頌之音詔羣弟子曰『不學詩無以言小子何莫學夫詩』卜商子夏問曰「巧笑倩兮美目盼兮素以為絢兮。」何謂也？」子曰：『繪事後素。』曰『禮後乎？

『孔子曰：『商也始可與言詩已矣！』』孔子刪詩授卜商，乃纚括詩人本旨爲三百十一篇作序；史記孔子世家云詩三百五篇孔子皆弦歌之此不數六笙詩也子夏作序時六笙詩猶存授魯人曾申子西申授魏人李克。李克授魯人孟仲子。孟仲子授根牟子。根牟子授趙人荀卿名況，年五十始遊學於齊齊襄王時，荀卿最爲老師，善爲詩禮易春秋，而以詩傳魯人毛亨齊人浮邱伯；人申培公少時嘗與國人穆生白生及楚人劉交俱學詩於浮邱伯；交，字游，漢高祖同父少弟也；及秦焚書，各別去漢興，交爲楚元王而高祖過魯申公以弟子從浮邱伯入見於魯南宮呂太后時，浮邱伯在長安元王遣子郢客與申公俱卒學申公始爲詩傳號魯詩而元王亦撰次詩傳號曰元王詩世或有之元王薨，郢客嗣立爲楚王令申公傅太子戊戊不好學病申公及戊立爲王胥靡申公愧之歸魯退居家教終身不出門弟子自遠方至受業者千餘人，而弟子爲博士二千石者十餘人居官皆有稱其學官弟子行雖不備而至於大夫郎掌故以百數魯孔安國傳古文尚書然亦受詩申公稱高第弟子申公獨以詩經爲訓故以教亡文而有魯故二十五卷魯說二十八卷，見漢書藝文志蓋弟子傳錄之口義也疑者則闕勿傳蘭陵王臧旣從受詩已通事景

帝爲太子少傅免去。武帝初卽位，臧乃上書宿衞，累遷，一歲至郎中令及代趙綰亦嘗受詩申公爲御史大夫綰臧請立明堂以朝諸侯不能就其事乃言師申公於是上使使束帛加璧安車以蒲裹輪駟迎申公；弟子二人乘軺車從至見上上問治亂之事？

申公時已八十餘老對曰：『爲治者不在多言顧力行何如耳！』是時上方好文辭，見申公對，默然然已招致，卽以爲大中大夫舍魯邸議明堂事。太皇竇太后喜老子言不悅儒術；得綰臧之過以讓上因廢明堂事下綰臧吏皆自殺申公亦病免歸申公卒以詩春秋授而瑕丘江公盡能傳之徒衆最盛！及魯許生中徐公皆守學教授魯國韋賢長孺治詩事博士大江公大江公卽瑕丘江公以異下博士江公故稱大及許生兼通禮尚書以詩教授，號稱鄒魯大儒。徵爲博士給事中進授昭帝詩稍遷光祿大夫詹事至宣帝世以先帝師甚見尊重官承相傳子玄成少翁於元帝時以太常受詔與太子太傅蕭望之及五經諸儒雜論同異於石渠閣；復以明經歷位至丞相。故鄒魯諺曰：『遺子黃金蒲篋，不如一經！』蓋爲玄成父子言之也。玄成兄子賞以詩授哀帝，至大司馬車騎將軍由是魯詩有韋氏學束平王式翁思者事免中徐公及許生受詩爲昌邑王師昭帝崩昌邑王

嗣立，以行淫亂廢。昌邑群臣皆下獄誅，惟中尉王吉郎中令龔遂以數諫減死論；式繫獄當死。治事使者責問曰：『師何以亡諫書？』對曰：『臣以詩三百五篇朝夕授王，至於忠臣孝子之篇未嘗不為王反復誦之也；至於危亡失道之君，未嘗不流涕為王深陳之也！臣以三百五篇諫，是以亡諫書。』使者以聞，亦得減死論歸家，不敎授沛郡薛廣德長卿山陽張長安幼先事式；後東平唐長賓沛褚少孫亦來事式。問經數篇式謝曰：『聞之於師具是矣！自潤色之。』不肯復授唐生褚生應博士弟子選，詣博士摳衣登堂頌禮甚嚴，試誦說有法疑者丘蓋不言諸博士驚問何師？對曰：『事式。』皆素聞其賢共薦式詔除下為博士。式徵來衣博士衣而不冠曰：『刑餘之人何宜復充禮官！』既至止舍中會諸大夫博士共持酒肉勞式皆注意高仰之博士江公世為魯詩宗；至江公著孝經說心嫉式謂歌吹諸生曰：『歌驪駒。』驪駒者逸詩篇名客欲去歌之者也。於是式言曰：『聞之於師客歌驪駒，主人歌客毋庸歸。今日諸君為主人日尚早，未可也。』江翁曰：『經何所言之？』式曰：『在曲禮。』江翁曰：『何狗曲也！』式恥之，陽醉逿墜式客罷讓諸生曰：『我本不欲來。諸生強勸我，竟為豎子所辱』遂謝病免

歸終於家弟子薛廣德溫雅有醞藉，以魯詩敎授。楚國襲勝君賓襲舍君倩師事焉。蕭

望之爲御史大夫除廣德爲屬數與議論器之薦廣德經行宜充本朝爲博士論石渠，

遷御史大夫而張生唐生皆爲博士張生論石渠至淮陽中尉唐生楚太傳由是

魯詩有張唐褚氏之學張生兄子游卿爲諫大夫以詩授元帝其門人王扶爲泗水中

尉陳留許晏字偉君初受魯詩於王扶改學曰許氏章句儒林諺曰：『殿上成羣許偉

君』由是張家有許氏學此又魯詩之支流與裔也齊詩始於齊人轅固固作詩內外

傳孝景時以治詩爲博士與黃生爭論於上前黃生曰『湯武非受命迺殺也！』固曰

『不然夫桀紂荒亂天下之心皆歸湯武因天下之心而誅桀紂桀紂之民弗爲使而

歸湯武。湯武不得已而立非受命爲何？』黃生曰『冠雖敝必加首履雖新必貫足。

者上下之分也今桀紂雖失道然君上也湯武雖聖臣下也夫主有失行臣不正言匡

過以尊天子反因過而誅之代立南面非殺而何？』固曰『必若云是高皇帝代秦卽

天子之位非耶？』於是上曰『食肉毋食馬肝未爲不知味也言學者毋言湯武受命，

木爲愚！』遂罷竇太后好老子書召問固固曰『此家人言耳！』太后怒曰『安得司

八八

空城旦書乎？」道家以儒法為急，比之於律令也　遒使固入圈擊豕。上知太后怒，而固言直無辜遒假

固利兵下固刺豕正中其心豕應手而倒。太后無如何後上以固廉直拜為清河太傅；

疾免武帝初即位復以賢良徵諸儒多嫉毀曰：「固老！」罷歸之時固已九十餘矣。薈

川公孫弘固弟子也亦徵仄目視固固曰：「公孫子務正學以言無曲學以阿世」諸

齊以詩顯貴皆固之弟子也。魯人夏侯始昌最能傳固學始昌亦事公孫宏以齊詩尚

書教授自董仲舒韓嬰死後武帝得始昌甚重之時昌邑王以少子愛為選師始昌為

太傅。薈字近君東海人也事夏侯始昌通五經蒼亦通詩禮而詩有齊后氏故

二十卷齊后氏傳三十九卷見漢書藝文志；為博士至少府授學同郡翼奉少君蕭望

之長倩匡衡稚圭三人經術皆明。衡為後進望之施之政事而奉惇學不仕好律曆陰

陽之占元帝初即位諸儒薦之徵待詔宦者署言事數驗宴見天子敬焉自稱於天子

曰：「臣聞之師曰『天地設位懸日月布星辰分陰作定四時列五行以視聖人名之

曰道。聖人見道然後知王治之象故畫州土建君臣立律曆陳成敗以視賢者名之

經賢者見經然後知人道之務則詩書易春秋禮樂是也。易有陰陽詩有五際，詩內傳 曰五際

卯午戌亥也陰陽終始際會　春秋有災異，皆列終始，推得失考天心以言王道之安之歲於此則有變改之政也

危。至秦乃不悅傷之，以法是以大道不通至於滅亡。」今陛下聖明深懷要道，燭臨萬

方。臣奉竊學齊詩，聞五際之要，十月之交篇，知日蝕地震之效昭然可明，猶巢居知風

穴處知雨，亦不足多適所習耳。」以郎中為博士諫議大夫。由是齊詩有翼氏學，最為

后蒼高第弟子者也。蕭望之好學治齊詩事后蒼且十年，以令詣太常受業，復事同學

博士白奇，又從始昌族子夏侯勝問論語禮服。京師諸儒稱述焉。宣帝聞望之名，拜為

謁者，累遷至二千石，寖益任用，以言事見罪，遂見廢，不得相為太子太傅。以論語禮服

授皇太子，即元帝也。尋拜前將軍受遺詔輔政，領尚書事。匡衡於望之為後生然好學，

尤精力過絕人，諸儒為之語曰：「無說詩，匡鼎來；匡說詩，解人頤！」衡射策甲科除為

太常掌故，調補平原文學。學者多上書薦衡「經明當世，少雙，今為文學就官京師後

進，皆欲從衡平原，衡不宜在遠方。」事下太子太傅蕭望之少府梁邱賀問衡對詩諸

大義，其對深美望之奏「衡經學精習，說有師道可觀覽」。宣帝不甚用儒，遣衡歸官。

而皇太子見衡對私善之。元帝即位以為郎中遷博士給事中為太子少傅數上疏陳

便宜,及朝廷有政議,傳經以對言多法義,遂拜丞相,封樂安侯,咸亦明經,歷位九卿。

家世多爲博士者,由是齊詩有匡衡之學,衡授琅邪師丹公仲伏理斿君,潁川滿昌君

都君。都君爲詹事,授九江張邯琅邪皮容,皆至大官;徒衆極盛,理以詩授成帝爲高密太

傅,家世傳業。而丹爲哀帝大司空,以言事不合上意,策免;尚書令唐林上疏爲訟直言

『丹經爲世儒宗,德爲國黃耆』尤爲有名。由是齊詩有師丹伏理之學,長安班伯少

受詩於師丹;以妹爲成帝倢伃,帝數召見晏昵殿容貌甚麗,

誦說有法拜爲中常侍時上方鄉學,平陵鄭寬中少君河內張禹子文朝夕入說尚書

論語於金華殿中詔伯受焉即通大義又講異同於長安許商長伯累官侍中光祿大

夫禁中設宴飲之會伯言:『詩書淫亂之戒,其原皆在於酒』上迺喟然歎曰『吾久

不見班生今日復聞讜言!』遂罷酒此齊詩之學也。韓詩出自燕人韓嬰嬰推詩人之

意而作內外傳數萬言其語頗與齊魯間殊然指歸則一有韓內傳四卷韓外傳六卷

韓故三十六卷,韓說四十一卷見漢書藝文志;祇存外傳析十篇,其及經蓋寡而遺說

往往見於他書不知果韓生原書否也燕趙間言詩者由韓生韓生孝文時爲博士景

帝時至常山太傅，亦以易授人推易意而爲之傳。燕趙間好詩故其易微；唯韓氏自傳之。武帝時，嬰嘗與董仲舒論於上前其人精悍處事分明，仲舒不能難也後其孫商爲博士孝宣時涿郡韓生其後也以易徵待詔殿中；韓詩不如韓氏易深太傅故專傳之。』司隸校尉蓋寬饒本受易於東海孟喜見涿韓生說易而好之卽更從受焉顧韓生之易卒不傳韓生之詩授之淮南賁生河內趙子；而趙子以授同郡蔡誼誼以明經給事大將軍衞靑幕府昭帝時詔求能爲韓詩者徵誼待詔久不進見誼上疏曰：『臣山東草萊之人行能亡所比容貌不及衆然而不棄人倫者竊以臣聞道於先師，自托於經術也願賜淸閒之燕得盡精思於前。』上召見誼說詩甚悅擢爲光祿大夫給事中進授昭帝數歲累拜丞相封陽平侯傳其學於同郡食子公與琅琊王吉子陽。吉爲昌邑王中尉而王好遊獵馳騁國中動作無節吉引詩上疏諫爭甚得輔弼之義雖不治民國中莫不敬重焉！昌邑王敗，吉以罪廢宣帝時，徵起爲博士大夫而食子公亦爲博士授泰山栗豐。吉授淄川長孫順順爲博士豐部刺史。而順授東海發福豐授山陽張就皆至大官徒衆尤盛由是韓詩有王食長孫

之學。韓詩與齊韓魯詩三家並立學官，置博士然齊轅固燕韓生之師說莫詳其為傳

或取春秋，采雜說；咸非其本義與不得已而儒者以為魯最為近何者？魯申公之學，傳

自荀卿而溯之子夏，於三家為有據也。魯國毛亨亦受學荀卿，以毛詩別自名家，自謂

子夏所傳惟子夏序詩篇義各編，遭戰國至秦而南陔六詩亡！亨乃引序各冠篇首作

故訓傳三十卷多記古文倍詳前典或引申，或假借，或通釋，或文生上下而亡

害或辭用順逆而不違。要明乎世次得失之迹而吟咏情性有以合乎詩人之本旨故

曰：「讀詩不讀序，無本之教也！讀詩與序而不讀故訓傳失守之學也！」文簡而義贍，

語正而道精以授趙國毛萇時人謂亨為大毛公萇為小毛公。二毛公詩用古文。魯齊

韓三家則用今文漢書藝文志載『詩經二十八卷，魯齊韓三家』毛詩二十九卷』是

經文惟毛詩為別本而魯齊韓三家經則同一本蓋今古文殊也。惟序用子夏則三家

與毛詩同。觀蔡邕本治魯詩而所作獨斷載魯頌三十一篇之序十二句與毛序文有詳

略而大旨同唐書藝文志稱韓詩卜商序韓嬰注二十二卷是韓詩亦有

序其序亦稱出子夏矣。顧毛詩不得置博士與三家並。獨河間獻王修學好古於國中立毛氏詩

博士以毛萇為之萇授同國貫長卿。長卿授齊人解延年。延年為阿武令授貔徐敖世

之言毛詩者本之徐敖。敖授九江陳俠;而俠於平帝之世,公車徵說詩自是毛詩始得

列於漢廷爲置博士焉。王莽篡漢位,以陳俠爲講學大夫,授詩九江謝曼卿,爲詩訓詁;

光武中興立五經博士,易施孟梁邱,書歐陽夏侯,禮大小戴,春秋嚴顏,皆用今文獨詩

齊魯韓毛今古文並立。詩齊魯韓毛,毛字爲衍文。然毛詩初不大顯於時,魯詩世家稱

平原高詡季回。自其曾祖父嘉以魯詩授元帝,仕上谷太守,父容少傳嘉學,哀平間爲

光祿大夫。詡以父任爲郎中,世傳魯詩,以信行清操知名。王莽篡位,父子稱盲逃不仕

莽世光武卽位,再徵爲博士,尋拜大司農,在朝以方正稱。而齊詩世家稱瑯琊伏湛惠

公其九世祖勝傳尚書,所謂濟南伏生者也。自父理學詩匡衡別自名學傳業於湛,敎

授數百人;成帝時以父任爲博士弟子王莽敗,倉猝兵起,天下驚擾,而湛獨晏然不廢

敎授光武卽位,知湛名儒舊臣,才堪宰相,徵拜尚書,再遷大司徒,封陽都侯。弟黯字稚

文以明齊詩改定章句,作解說九篇;位至光祿勳。黯子恭字叔齊,太常試經第一,拜博

士遷常山太守敦修學校,敎授不輟。由是北州多爲伏氏學,明帝時天子臨辟雍於行

禮中拜恭爲司空。儒者以爲榮!初父黯章句繁多,恭迺省減浮辭定爲二十萬言。旣肅

宗行饗禮，遂拜恭爲三老；於詩學最爲儒宗也！韓詩世家，稱淮陽薛漢公子；世習韓詩，光

有薛氏章句二十二卷見隋書經籍志漢傳父業尤善說災異纖緯教授常數百人。

武卽位，爲博士受詔校定圖讖當世言詩者推漢爲長弟子犍爲杜撫叔和京兆廉范

叔度會稽澹臺敬伯鉅鹿韓伯高最知名而撫才尤高傳漢學定韓詩章句弟子千餘

人所作詩題。下有脫字按華陽國志云林撫作詩通議說 文約義通學者傳之曰杜君注此魯齊韓三家詩

世家也其它治魯詩者曰太傅南陽卓茂子康，司徒扶風魯恭仲康及弟侍中丞叔陵。

諫議大夫沛陳宣子興，大鴻臚會稽包咸子良，騎都尉任城魏應君伯，侍御史豫章陳

重景公，南頓令豫章雷義仲公，太尉汝南李咸元章，處士鄧李炳子然，瑯琊王傳陳留

蔡朗仲明屯騎校尉山陽魯峻仲嚴。治齊詩者曰伏波將軍扶風馬援文淵處士蜀郡

任末叔本廣漢景鸞漢伯，大鴻臚穎川陳紀元方。治韓詩者曰長沙太守汝南郅惲君

章太山都尉梁國夏恭敬國雲陽令扶風朱勃叔陽處士會稽趙曄長君閬中令巴郡

楊仁文義，光祿勳壽召馴伯春武威太守安定李恂叔英郎中豫章唐檀子產，處士

山陽張匡文通遼東屬國都尉北海公沙穆文乂，處士汝南廖扶文起車騎將軍巴郡

馮緄鴻卿，大將軍安定梁商伯夏，司空河內杜喬叔榮，大尉宏農劉寬文饒，東海相京

兆韋著休明皆有名字載在史策。而韓詩極盛趙曄受學杜撫撰韓詩譜二卷詩神泉

一卷，又有侯苞者作韓詩翼要十卷見隋書經籍志獨東海衞宏敬仲扶風賈逵景伯

於中興之初學毛詩於謝曼卿而遂作齊魯韓詩與毛氏異同；又有毛詩雜議難十卷，

見隋書經籍志；則非篤信於毛者也獨宏作毛詩序善得風雅之旨。河南鄭眾仲師汝

南許慎叔重亦稍稍治毛詩然在廷諸臣猶崇韓故，兼習魯訓而作毛詩傳者自扶風

馬融季長始也。北海鄭玄康成初從東郡張恭祖受韓詩既事馬融治詩乃一於宗毛

毛義若隱略則更表明，如有不同即下己意而為識別，如今人之箋記積而成帙凡二

十卷謂之曰箋鄭箋行而毛學昌三家微矣！然鄭箋兼用韓魯以補缺拾遺於毛與毛

傳時有異同。炎漢祚衰三國分崩魏有太子文學東平劉楨公幹撰毛詩義問十卷祕

書郎劉璠撰毛詩義四卷毛詩箋傳是非二卷；謝沈撰毛詩注二十卷，毛詩釋義十卷

見隋書經籍志不知於義云何獨太常東海王蕭子雍灼知鄭箋之異毛撰毛詩義駁

八卷毛詩問難二卷毛詩奏事一卷以申毛難鄭益闡毛義撰毛詩注二十卷而司空

東萊王基伯輿撰毛詩答問駁譜合八卷，見隋書經籍志其中毛詩駁五卷，則申鄭玄而難王肅者也。由是毛詩有鄭玄王肅二家之學此魏之治毛詩者也。吳之治毛詩者：有太常卿徐整撰毛詩譜三卷；侍中韓昭侍中朱育等撰毛詩答雜問七卷，見隋書經籍志皆不傳獨太子中庶子烏程令吳郡陸璣元恪撰毛詩草木蟲魚疏二卷，為後人輯佚僅存蓋蟲魚草木今昔異名年代迢遙傳流疑彌甚！而璣去古未遠疏解猶為得眞；後來之箋毛者咸以璣書為據也。末附四家詩源流四篇而毛詩為特詳者則宗毛之故也。蜀之治毛詩者無聞！而治韓詩者：魏有中尉河東崔琰季珪。吳有會稽都尉廣陵張紘子綱蜀有大鴻臚蜀郡杜瓊伯瑜安漢令蜀郡何隨季業而杜瓊著韓詩章句十餘萬言至崔琰晚事鄭玄當亦兼習毛故也。齊魯之詩學者耗矣亡焉！晉禪魏祚韓詩雖存亦無傳者儒生研誦獨有毛詩而鄭王異說攻難互起。長沙太守孫毓撰毛詩異同評十卷恢張王說。而徐州從事陳統又明鄭義作難孫氏毛詩評四卷其它宏農太守河東郭璞景純撰毛詩拾遺一卷給事郎楊乂撰毛詩辨異三卷毛詩異義二卷具見隋書經籍志疑又毛公之補缺拾遺者也。宋齊梁陳繼晉而作言毛詩者：則宋有

中散大夫徐廣撰毛詩背隱義二卷,奉朝請孫暢之撰毛詩引辨一卷,毛詩序義七卷;

金紫光祿大夫何偃撰毛詩釋一卷通直郎雷次宗撰毛詩序義二卷,毛詩義一卷交

州刺史阮珍之撰毛詩序注一卷齊有處士劉巘撰毛詩序義疏四卷,毛詩編次義一

卷;顧歡撰毛詩集解敘義一卷。梁有武帝撰毛詩發題序義一卷毛詩大義十一卷簡

文帝撰毛詩十五國風義二十卷桂州刺史崔靈恩集注毛詩二十四卷;給事郎謝曇

濟撰毛詩檢漏義二卷處士陶弘景毛詩序注一卷;何胤撰毛詩隱義十卷;舒援撰毛

詩義疏二十卷具見隋書經籍志。皆謹守毛公而為之箋明疏證其義爾獨宋奉朝請

業遵所注立義多異凡二十卷謂之業詩雖世所不行,然於毛詩極盛之後,卓然別自

名家,而不欲為毛公之興臺亦可謂崎士也!北學宗毛,無殊南朝;其著有成書者,則有

魏之安豐王元延明撰毛詩誼府二十八卷;太常卿劉芳撰毛詩箋音證十卷;蕭歸散

騎常侍沈重撰毛詩義疏二十八卷隋有太學博士景城劉炫光伯撰毛詩述義四十

卷,毛詩集小序一卷;信都劉焯士元撰毛詩義疏二十九卷國子助教餘杭魯世達撰

毛詩章句義疏四十卷毛詩并注音八卷其間聰穎特達,曰焯曰炫,並稱二劉箋毛疏

義文而又儒擢秀幹於一時，騁絕轡於千里，固諸儒之所揖讓曰下稱爲無雙者也！所惜者負恃才氣輕鄙先達，同其所異，異其所同，或應略而反詳，或宜詳而更略，準其繩墨差忒未免勘其會同；時有顛躓！至唐貞觀十六年詔國子祭酒孔穎達因鄭玄之箋撰定毛詩正義四十卷；而鄭學曰章王注以熸其書以劉焯義疏劉炫述義爲藁本，刪其所繁增其所簡；而草木蟲魚則取裁陸璣之疏，故能融貫羣言包羅古義集毛學之大成於唐之世人無異辭惟穎達正義之於詩序引舊說云：「起『關雎后妃』訖末名爲『大序。」沈重云：『用之邦國焉』也。」名關雎序，謂之小序自『風風也』訖末名爲『大序。」沈重云：『案鄭詩譜意大序是子夏作。小序是子夏毛公合作。卜商意有不盡毛公足成之。』或云：『小序是東海衞敬仲所作。』具列兩說，而不爲論定蓋其愼也獨成伯璵撰毛詩指說一卷乃据鄭詩譜意而定小序首句爲子夏所傳其下爲毛萇所續謂「衆篇之小序子夏惟裁初句耳！『葛覃，后妃之本也。』『鴻雁美宣王也。』如此之類是也其下皆大毛公自以詩中之意而繫其辭云爾雖佐證未備，而決別疑似於說詩者亦足以裨參證焉然自孔穎達而後，說詩者莫敢疑毛鄭雖老師宿儒亦謹守小序至

宋而新義日增，舊說幾廢，推原所始，實發端於廬陵歐陽修永叔。修文章名一世，而經術亦復泓深，撰毛詩本義十六卷。其書先爲論以辨毛鄭之失，然後斷以已見。凡爲說一百有四篇，統解十篇，時世本末二論，豳魯序三問，而補亡鄭譜及詩圖總序附於後。然修之言曰：『後之學者，因述先世之所傳而較得失，或有之矣！使徒抱焚餘殘脫之經，悵悵於去聖人千百年後，不見先儒中間之說，而欲特立一家之學者，果有能哉？吾未之信也。』又曰：『先儒於經不能無失，而所得固已多矣。盡其說而理有不通然後未之信也。』是修作是書，本出於和氣平心，以意逆志，故其立論雖不曲徇毛鄭，而亦未嘗輕議毛鄭。後之學者或務立新奇自抒獨得甚者刪竄二南，則變本加厲之過固不得以濫觴之始歸咎於修矣！修之門下士眉山蘇轍子由乃撰詩集傳二十卷。其說以詩之小序反覆繁重類非一人之辭；疑爲毛公之學衞宏之所集錄；而不取子夏之說；因惟存其發端一言，而餘文悉刪。然其說曰：『獨探其可者見於今傳其說，因惟存其發端一言，而餘文悉刪。然其說曰：『獨探其可者見於今傳其說，轍於毛公之學亦未一筆抹殺而務持其平猶之修之用心也。臨川王安石介甫與蘇轍同輩而神宗倚畀作相置經義局，以安石提舉修定其尤不可者皆明著其失。』是轍於毛公之學亦未一筆抹殺而務持其平猶之修之用心也。臨川王安石介甫與蘇轍同輩而神宗倚畀作相置經義局，以安石提舉修定其

新經詩義三十卷，大指依據毛公安石訓其義，而訓其辭者則其子雱元澤蓋亦王氏

新經三書之一也。安石又撰字說二十卷以相輔翼與三經幷頒學官於是宋之學風

一變。然多襲其義理，而傳安石名物訓詁之學者曰山陰陸佃農師仙遊蔡卞元度。

安石客卞安石壻也。佃作埤雅卞作毛詩名物解大指皆以字說爲宗而卞之書二十

卷凡十一類曰釋天釋百穀釋草釋木釋鳥獸釋蟲釋魚釋馬釋雜論者或詆其

議論穿鑿徵引瑣碎，無裨於經義然徵引發明，有出於陸機草木蟲魚疏孔穎達正義

外者。安石之新經詩義不傳而卞之學出於安石此可以考見安石新經詩義之一斑

焉。然安石新經詩義，於毛公尚少詆辭而詆毛公詩序，毅然力持昌言不忌者其自

南宋莆田鄭樵漁仲始乎！樵之學雖自成一家而師心自是，撰來漈詩傳辨妄二十六

卷大指以爲『毛詩自鄭毛旣箋之後而學者篤信康成故此書專行，齊魯韓三家遂

廢；致令今學者只憑毛氏且以序爲子夏所作，更不敢擬議蓋事無兩造之辭則獄有偏

聽之惑』極言毛序之不可偏信也。然設以聽訟爲喻詩者其事也。齊魯韓毛則證驗

之人也。毛詩本書具在流傳甚久譬如其人親身到官供指詳明具有本末者也。齊魯

韓三家本書已亡，於他書中間見一二而眞僞未可知？譬如其人元不到官又已身亡，

無可追對；徒得之風聞道聽以爲其說如此者也。今捨毛詩而求證於齊魯韓猶聽訟

者以親身到官所供案牘爲不可信乃採之於旁人傳說而欲以斷其事論者不以爲

尤也。既朱子撰詩集傳二十卷，而殿以詩序辨說以大小序自爲一編而辨其是非蓋

用鄭樵之說也。然考朱子注詩，蓋兩易稿其初藁全宗小序卷首自序作於淳熙四年，

中無一語斥小序蓋猶初藁之序。金華呂祖謙伯恭撰呂氏家塾讀詩記中引「朱子

曰」者即採朱子注詩初稿說也。朱子與祖謙交最契其初論詩亦最合顧朱子晚年

改從鄭樵而自變前說，而祖謙仍堅主毛鄭故祖謙沒，朱子作家塾讀詩記序稱「少

時淺陋之說，伯恭父誤有取焉。既久自知其說有未安，或不免有所更定；伯恭父反不

能不置疑於其間熹竊惑之方將與反覆其說以求眞是之歸；而伯恭父已下世！」蓋

深不平於祖謙之故見自封。迄後攻序宗序兩家角立相爭而不能以偏廢嗜祖謙

書者終不絕也！祖謙書三十二卷博採諸家存其名氏先列訓詁後陳文義窮截貫穿

如出一手有所發明則別出之斷以闡發詩人「躬自厚而薄責於人」之旨蓋宋儒

詩學之詳正，未有逾於祖謙者也！惟公劉以後，編纂已備而條例未竟，學者惜焉！崇德輔廣漢卿者，初從呂祖謙遊，後復從朱子講學，即世所稱慶元輔氏也。顧輔氏撰童子問十卷，大指主於掊擊詩序，羽翼詩集傳與祖謙說詩之宗旨者不同而慶元王應麟伯厚旁採諸書所引齊魯韓三家詩逸文撰詩考一卷中採韓詩較夥齊魯二家廑寥寥數條蓋韓詩最後亡，唐以來注書之家，引其說者多也後之輯三家詩者，或訾應麟為未備然古書散佚蒐採爲難後人踵事增修較創修自易爲力筆路繼縷終當以麟爲首庸也自序稱：『漢言詩者四家，師異指殊。賈逵撰齊魯韓與毛氏異同。梁崔靈恩採三家本爲集注。今惟毛傳鄭箋孤行韓僅存外傳而魯齊詩亡久矣諸儒說詩，壹以毛鄭爲宗未有參考三家者獨朱文公集傳多從韓詩一洗末師專己守殘之陋。嘗語門人：『文選注多韓詩章句欲寫出。』應麟竊觀傳記所述三家緒言尚多有之；固羅遺佚傳以說文爾雅諸書萃爲一編以扶微學廣異義；亦文公之意云爾讀集傳者，或有考於斯。」亦朱子集傳之羽翼也。慈谿楊簡敬仲撰慈湖詩傳二十卷大要本孔子無邪之旨而據後漢書之說以小序爲出自衞宏不足深信要與朱子無大殊其

它箋釋文義，如以『聊樂我員』之『員』爲姓；以『六駁』爲赤駁之譌；以『天子

葵之』之葵爲有向日之義間有附會穿鑿然其於一名一物一字一句必斟酌去取，

旁徵遠引曲暢其說其考核六書則自說文爾雅以及史傳之音注，無不悉蒐其訂正

訓詁則自齊魯毛韓以下以至方言雜說，無不博引可謂折衷同異自成一家之言者！

至篇中所論謂左傳不可據謂爾雅亦多誤謂鄭康成不善作文甚至自序之中以大

學之釋淇澳爲多牽合而詆子夏爲小人儒斯又大言炎炎，而爲朱子之所不敢出者。

蓋簡之學出陸九淵九淵固謂『學苟知道六經皆我注腳』而朱子尚信經傳問

學也然簡之放言自恣無所畏避尚不如金華王柏魯齋之甚也！柏之學雖淵源於朱

子；而撰詩疑二卷則攻駁毛鄭不已倂本經而攻駁之攻駁本經不已又倂本經而刪

削之其以行露首章爲亂人據列女傳爲說猶有所本也以小弁『無逝我梁』四句

爲漢儒所妄補猶曰『其詞與谷風相同』似乎移綴以下泉末章爲錯簡謂與上三

章不類猶著其疑也。至於召南刪野有死麕邶風刪靜女鄘風刪桑中；衞風刪氓有狐

王風刪大車丘中有麻鄭風刪將仲子遵大路有女同車山有扶蘇籜兮狡童褰裳丰

東門之墠、風雨、子衿、野有蔓草、溱洧；秦風刪晨風；齊風刪東方之日；唐風刪綢繆、葛生；陳風刪東門之池、東門之枌、東門之楊、防有鵲巢、月出、株林、澤陂，凡三十二篇〔按書中所列之目實止三十一篇，疑傳刻者脫其一篇〕。又曰：『小雅中凡雜以怨誹之語，可謂不雅，予今歸之王風，且使小雅粲然整潔。』其所移之篇目雖未具列，其降雅爲風已明言之矣。又曰：『桑中當爲公論所不許，乃托詞於漢儒之竄入。至於謂碩人第二章形容莊姜之色太褻，黃鳥乃淺識之人所作，則更直排孔子刪定之失，當不復托詞於漢儒矣！』此又楊簡之所不敢者也！元儒金華許謙益之，稱受學於王柏；而於柏詩疑所欲刪之國風三十二篇，則疑而未敢遽信。論者或斥謙存已放之鄭聲也！〔見蘭溪吳師道正傳爲謙撰詩集傳名物鈔序〕然謙撰詩集傳名物鈔八卷，考訂名物音訓，咸有依據，信足以補朱子之放闕焉。同時有安福劉瑾公瑾者，其學問淵源亦出朱子，撰詩傳通釋二十卷，發明集傳與輔廣詩童子問相同，惟廣書皆循文演義，而瑾兼辨訂故實，雖證實踏虛不同，然義理一也。蓋宋以前之說詩者，罔不毛鄭是宗，歐陽修、蘇轍而後，別解漸生。鄭樵、朱子而後，異幟高張，迄末年乃古

義黜而新學立故有元一代之說詩者，無非朱傳之箋疏。許謙之詩集傳名物鈔，劉瑾之詩傳通釋兩書其尤著者也至仁宗行科舉法定為功令而明制因之。永樂間行在翰林學士胡廣等奉敕撰詩經大全二十卷亦主於闡揚朱傳遵憲典也然元人篤守師傳有所闡明皆由心得明則靖難以後者儒宿學略已喪亡廣等無可與謀乃剽竊舊文以應詔此書名為官撰實本劉瑾之詩傳通釋而稍損益之惟改其中『瑾案』二字為『劉氏曰』。又劉書以小序分隸各篇；是書則從朱子舊本合為一篇；小變其例而已。自是宋學昌而漢義絀朱傳行而毛詩廢矣然明儒詩學亦有宏究漢義而不宗朱傳者監利李先芳伯承撰讀詩私記二卷釋義多從毛鄭；毛鄭有所難通則參之呂祖謙讀詩記嚴粲詩緝其自序曰：『文公謂小序不得小雅之說一舉而歸之刺馬端臨謂文公不得鄭衞之風一舉而歸之淫胥有然否，不自揣量折衷其間。』蓋不專主一家，故議論宏通絕無區分門戶之見如說鄭風子衿仍從學校之義則不取宋學；謂國風小雅初無變正之名則不從漢說至楚茨南山等四篇則小序與集傳之說並存，不置可否；蓋小序皆以為刺幽王義有難通而集傳所云又於古無考故闕所疑也；

雖援據不廣時有闕略，要其大綱，與鑿空臆撰者殊矣！然猶折衷漢宋也！明宗室朱

謀㙔鬱儀撰詩故十卷乃專以毛詩小序為主而考證以舊說其曰詩故者，蓋漢書藝

文志載詩類有魯故齊后氏故齊孫氏故韓故毛詩故訓傳顏師古注『曰故者道其

旨意也。』謀㙔是書蓋用漢儒之舊名故其說詩亦多以漢學為主與朱子詩集傳多

所異同其間自立新義者，如以小星為嬖御直以斯于為成王營洛周公所賦之類，

似失之穿鑿然謀㙔博極羣書學有根柢要異乎剽竊陳言蓋自胡廣等五經大全一

出應舉窮經久分兩事謀㙔生長帝室不藉應舉為進取乃得以研究遺文發揮古義

也。經術盛衰之故此亦可知其大凡矣！道明之亡也。吳江陳啓源長撰毛詩稽古編

三十卷前二十四卷依次解經而不載經文但表篇目其無所論說則併篇目亦不載；

次為總詁五卷分六子目曰舉要曰考異曰正字曰辨物曰數典曰稽疑末為附錄一

卷。則統論風雅頌之旨訓詁一準諸爾雅篇義一準諸小序而詮釋經旨則一準諸毛

傳而鄭箋佐之其名物則多以陸璣疏為主題曰毛詩明所宗也曰稽古編明為唐以

前專門之學也所辨正者惟朱子集傳為多歐陽修詩本義呂祖謙讀詩記次之嚴粲

詩緝又次之所掊擊者惟劉瑾詩集傳為甚輔廣詩童子問次之但廣書皆循文演義，

故所駁惟訓解之辭而謹書兼辨訂故所駁多考證之語其堅持漢學不容一語

之出入雖未免或有所偏然引據賅博證詳明一一皆有本之談蓋明代說經諸儒，

喜騁虛辨迨清儒矯為徵實之學以挽頹波古義彬彬於斯為盛而啟源實先河也！然

當啟源之撰田間詩學十二卷大旨以小序首句為主而非有意於攻朱子集傳於漢

者也。澄之撰詩學十二卷亦有兼綜漢宋不主一家者桐城錢澄之飲光吳江朱鶴齡長孺張

唐以來之說亦不主於一人所採諸儒論說自漢唐注疏朱子集傳以外凡二程子

子歐陽修蘇轍王安石楊時范祖禹呂祖謙陸佃羅願謝枋得嚴粲輔廣真德秀邵忠

允季本郝敬黃道周何楷二十家其中王楊范謝四家今無傳本蓋採於他書陸羅二

家本無詩注蓋草木鳥獸之名引其埤雅爾雅翼也自稱毛鄭孔三家之書錄者十之

二集傳錄者十之三諸家各本錄之十之四持論頗為精核而於名物訓詁山川地理，

言之尤詳嘗語人曰：『詩與尚書春秋相為表裏必考之三禮以詳其制作徵諸三傳

以審其本末稽之五雅以核其名物博之竹書紀年皇王大紀以辨其時代之異同與

情事之疑信；卽今輿記以考古之圖經而參以平生所親歷」亦可見其考證之切實矣！至鶴齡則與陳啓源同里，嘗序啓源之毛詩稽古編而撰詩經通義十二卷則自序稱「此書蓋與啓源商榷而成。」又稱：「啓源毛詩稽古編專崇古義此書則參停於今古之間。」蓋其專主小序，而兼綜漢宋，與澄之田間詩學同，惟甄採較狹於漢用毛鄭唐用孔穎達宋用歐陽修蘇轍呂祖謙嚴粲，並世用陳啓源其釋音明用陳第並世用顧炎武其凡例九條及考訂鄭氏詩譜皆具有條理雖參用今古與啓源之專崇古義者不同。然啓源之毛詩稽古編屢稱焉。惟啓源鶴齡與錢澄之三人者，明之遺老而非清儒也。清儒之傳經者首推長州惠氏三世以經學著稱而發祥者惠周惕字元龍也著有易傳春秋三禮問及詩說，而詩說三卷最佳其大旨謂大小雅以音別，不以政別，謂正雅變雅美刺錯陳不必分六月以上爲正六月以下爲變文王以上爲正民勞以下爲變謂二南二十六篇皆房中之樂不必泥其所指何人謂天子諸侯均得有頌，魯頌非僭；大抵引據確實義深切，而於毛傳鄭箋朱傳無所專主多自以己意考證；則又與錢澄之朱鶴齡之兼採漢宋折衷同異者殊科。無錫顧棟高震滄撰毛詩類釋

二十一卷蓋析毛詩名物爲二十一類而爲之釋名物者，多泛濫以炫

博，而棟高此書則探錄舊說，頗爲謹嚴。又往往因以發明經義與但徵故實體同類書

者有別，亦庶幾抒所自得能出新意者。然清儒說經之所爲別幟於宋元者，在能宏究

漢義，辨明家法，其始也；闡揚毛鄭古文以破宋儒臆測之談；及其既也，則又旁採今文

齊魯韓諸家逸文而駕之。晚出毛鄭古文之上。至如惠戴二氏抒所得而出新義非所

貴於清儒也。休寧戴震東原之撰毛鄭詩考正四卷，考正鄭氏詩譜一卷呆溪詩經補

注二卷金壇段玉裁懋堂之撰毛詩故訓傳三十卷詩經小學一卷江都焦循理堂之

撰毛詩補疏五卷嘉應李黼平繡子之撰毛詩紬義二十四卷桐城馬瑞辰元伯之撰

毛詩傳箋通釋三十二卷涇縣胡承珙墨莊之撰毛詩後箋三十卷崇明陳奐碩甫之

撰詩毛氏傳疏三十卷毛詩說一卷毛詩傳義類十九篇釋毛詩音四卷鄭氏箋考正

一卷而陳奐師事段玉裁治毛詩說文以爲鄭康成習韓詩兼通齊魯最後治毛詩箋

詩乃在注禮之後以禮注詩非墨守一氏箋中有用三家申毛者有用三家改毛者因

撰鄭氏箋考徵而后知毛古文鄭用三家從今文之不同術也析毛鄭之殊恉明音義

之通借，迺放爾雅，編作義類，於一切聲音訓詁之用，天地山川之大宮室衣服制度之
精，鳥獸草木蟲魚之細，分別部居各爲探索久乃剗除條例章句，糅成作疏，擷取先秦
之舊說，搴擇末漢之微言，置鄭箋而疏毛傳署曰詩毛氏傳疏蓋諸家之尤矜愼者矣！
斯則闡揚毛鄭古文以破宋儒臆測之談者也它如會稽范家相蘅洲之因宋王應麟
詩考而輯三家詩拾遺十卷視應麟書爲賅備矣然猶未及侯官陳喬樅樸園也！自後
嘉興馮登府柳東撰三家詩異文疏證一卷。邵陽魏源撰詩古微十七卷。吳江迮鶴壽
壽匡撰齊詩翼氏學四卷。而陳喬樅秉其家學以父壽祺撰三家詩遺說考，未成次第
補輯成魯詩遺說考六卷齊詩遺說考四卷韓詩遺說考五卷各逑授受源流而冠以
敍錄一篇又撰詩經四家異文考四卷齊詩翼氏學疏證二卷蓋喬樅之考據詳博與
魏源之議論宏辨言今文者駢稱二難焉晚清善化皮錫瑞鹿門撰詩經通論亟稱陳
考搜探之備，魏源駁辨之快顧有不足於魏源之好創新說；曰：『解經是樸學不得用
巧思解經須確憑不得任臆說也』然其右今三家而抑毛傳實與魏源同指斯又旁
採今文齊魯韓諸家逸文而欲駕之晚出毛鄭古文之上者也此外又有連江陳第季

立之毛詩古音考，崑山顧炎武寧人之詩本音曲阜孔廣森撝約之詩聲類，具詳小學

聲韻篇，茲不復贅舊詩志第四。

三禮志第五

禮起於何也？曰「人生而有欲；欲而不得，則不能無求；求而無度量分界，則不能不爭；爭則亂，亂則窮，先王惡其亂也，故制禮義以分之，以養人之欲，給人之求，使欲必不窮乎物，物必不屈於欲，兩者相待而長，是禮之所起」。而帝王質文世有損益至周曲為之防事為之制，故曰『經禮三百曲禮三千』」。經禮三百，周禮是也。曲禮三千，儀禮是也。及周之衰，諸侯將踰法度惡其害已皆滅去其籍，於是孔子適周而問禮於老聃追跡三代之禮曰「夏禮吾能言之杞不足徵也！殷禮吾能言之；宋不足徵也！則吾能徵之矣」然觀殷周所損益曰：『殷因於夏禮所損益可知也。周因於殷禮所損益可知也其或繼周者，雖百世可知也以一文一質周監二代，郁郁乎文哉吾從周』」

故禮記自孔子，著稱太史公書曰「禮記自孔子」者世稱三禮周禮記周官制儀禮詳周義文編著之圖籍，經邦國官府謂之禮法設之於官府而布之於百姓，皆周朝之官書也獨禮記自孔子門人弟子著所聞見微言授受協諸義而協經天緯

地本之則太一之初，原始要終，禮之乃人情之欲，然後知禮者義之實也！禮之所尊，尊其義也。『循法則度量刑辟圖籍不知其義謹守其數愼不敢損益也』父子相傳以持王公是故三代雖亡治法猶存是官人百吏之所以取祿秩』周禮是也。『失其義，陳其數祝史之事也』儀禮是也。故其數可陳也，其義難知也，協諸義而協，則禮雖先王未之有可以義起也！是禮記之所欲著也！夫禮者，理之不可易者也。周禮之記官制儀禮之詳儀文此其所得與民變革者也。觀理之不可易者蓋必於禮記之自孔子而孔子之歿葬魯城北泗上冢大一頃弟子及魯人往從冢而家者百有餘室因命曰孔里。故所居堂弟子內後世因廟藏孔子衣冠車服禮器而諸儒以時講禮鄉飲大射其間焉。嬴秦坑儒，而陳涉之王魯諸儒持孔氏之禮器往歸陳王；於是孔甲爲陳涉博士卒死涉之難初項籍封魯公及其死楚地皆降漢獨魯不下漢高帝舉兵圍魯中諸儒尚講誦習禮樂絃歌之音不絕豈非孔子之遺化好禮樂之國哉！故漢興太常叔孫通徵魯諸生共起朝儀諸學者多言禮而魯高堂生最禮固自孔子時而其經不具及至秦焚書散亡益多於漢獨有士禮；士禮亦稱儀禮曰士禮者，以其爲士之禮稱儀禮者，

以其記禮之儀文也凡十七篇：士冠禮第一；童子任職居士位年二十而冠主人玄冠朝服，則是任於諸侯天子之士也。士昏禮第二士娶妻之禮以昏為期因而名焉。士相見第三士以職位相親始承摯相見之禮也。鄉飲酒禮第四諸侯之鄉大夫三年大比，獻賢者能者於其君以禮賓之也。鄉射禮第五州長春秋以禮會民而射於州序之禮也。燕禮第六諸侯無事若卿大夫有勤勞之功與羣臣燕飲以樂之也。大射禮第七名曰大射者諸侯將有祭祀之事與羣臣射以觀其禮數中者得與於祭不數中者不得與於祭也。聘禮第八大問曰聘諸侯相於久無事使卿相問之禮也。公食大夫禮第九主國君以禮食小聘大夫之禮也。觀禮第十觀見也諸侯秋見天子之禮也；春見曰朝，夏見曰宗秋見曰覲冬見曰遇。喪服第十一天子以下死而相喪衣服年月親疏隆殺之禮，而子夏為之傳焉者也。士喪禮第十二士喪其父母自始死至於既殯之禮也。既夕第十三喪禮之下篇也。士虞禮第十四虞安也士既葬其父母迎精而反日中而祭之於殯室以安之也。特牲饋食禮第十五特牲饋食禮，非諸侯之士大祭祖禰也。少牢饋食禮第十六諸侯之卿祭其祖禰於廟之禮也。有司徹第十七少牢之下半篇也獨

高堂生能言之。而魯徐生善爲容孝文帝時，徐生以容爲禮官大夫。孝景帝時，嘗封皇子德爲河間王。餘爲魯王。顧河間王修學好古而魯王好治宮室壞孔子宅欲以爲宮；而得古文於壞壁之中，逸禮有三十九。既河間王從民求善書得禮古經五十六篇記百三十一篇周官經五卷皆古文舊書不同高堂生士禮之爲今文惟禮古經之十七篇，與高堂生同而字多異多三十九篇後世不傳而其篇名頗見於他書若天子巡狩禮見周官內宰注；朝貢禮見聘禮注；烝嘗禮見射人疏；中霤禮見月令注及詩泉水疏；王居明堂禮見月令禮器注古大明堂禮見蔡邕論又奔喪疏引逸禮王制疏引逸禮，云皆升合於太祖文選注引逸禮云『三王禪云云五帝禪亭亭』皆古經之逸禮也。記百三十一篇者出自孔氏孔子歿後七十二子之徒共撰所聞以爲此記後人各有損益。其中檀弓禮運疑子游門人記；中庸坊記表記子思所作緇衣公孫尼子制月令呂不韋撰或錄舊禮之儀或錄官禮所由或兼記體履，或雜序得失漢與博士叔孫通乃纂錄之以爲記蓋士禮之傳也。有冠義以釋士冠；有昏義以釋士昏有鄉飲酒義以釋鄉飲有射義以釋鄉射大射有燕義以釋燕食有聘義以釋聘禮有朝儀以釋觀禮；

有四制以釋喪服；有問喪以釋士喪；有祭義祭統以釋特牲少牢有司徹發明其義蓋士禮者經而記則其傳也轉受經旨以授於後也周官經五篇天官家宰第一地官司徒第二春官宗伯第三夏官司馬第四秋官司寇第五李氏上之河間獻王者也獨佚冬官一篇王乃購千金不得取考工記以補之以諸經中最為晚出其書詳周之制度而不及道化嚴於職守而闕略人主之身傳者以為周公作也其分例雖密而序官之義有二：一則以義類相從如宮正宮伯同主宮中是膳夫庖人外饔同主造食是。一則次敘一官之屬，不以尊卑為先後而以緩急為次第故宮正等士官在前內宰等大夫官在後也惟其後闕冬官一篇河間工取考工記合成六篇按考工記稱『鄭之刀』又稱『秦無廬』鄭封於宣王時，秦封於孝王時其非周公之典已無疑義；然奇古奧美殆聖於文或以為東周後齊人所作，或以為先秦書，未詳孰是也雖不足以當冬官然百工為九經之一共工為九官之一先王原以考工為大事以之殿周官之後，可以考見古代制器尚象之遺焉惟周官雖出孝武以為末世瀆亂不經之書故作十論七難以排棄之雖入祕府而未傳也獨士禮傳自高堂生而魯徐生乃以善為

客世其家，傳子至孫徐延徐襄。襄其資性善爲容，不能通經。延頗能，未善也！襄亦以容爲大夫至廣陵內史。延及徐氏弟子公戶滿意桓生單次皆爲禮官大夫，而瑕丘蕭奮以禮爲淮陽太守。然孝武以前，諸言禮爲容者由徐氏焉。孝武帝時，嘗行禮射於未央宮之曲臺。東海后蒼近君說禮數萬言爲記，號曰后氏曲臺記。后蒼者，嘗學齊詩於魯夏侯始昌而禮學則傳之。同郡孟卿，卿奮弟子也。後之言禮者由后蒼而徐氏無傳者。蒼校書曲臺，著曲臺后蒼九篇。見漢書藝文志。以授沛聞人通漢子方慶普孝公。梁戴德延君戴聖次君通漢以太子舍人論石渠至中山中尉普爲東平大傳德爲信都大傅，號曰大戴。而聖者，德之從兄子也。號小戴。以博士論石渠，撰集石渠禮論四卷，卽漢書藝文志著錄議奏三十八篇也；并羣儒疑義十二卷具見隋書經籍志。既出爲九江太守行治多不法；前刺史以其大儒優容之及蜀郡何武君公爲揚州刺史行部，錄囚徒，有所舉以屬郡聖曰：「後進生何知迺欲亂人治」！皆無所決。武使從事廉得其罪。聖懼自免後爲博士，毀武於朝廷。武聞之，終不揚其惡。而聖子賓客爲羣盜得，爲武繫治；聖自以子必死，武平心決之，卒得不死，自是後聖漸服。武每奏事至京師，聖

未嘗不造門謝恩。於是傳者莫不多武長者而詆聖之經生薄行也聖與戴德皆受禮

后蒼而經十七篇之次第，記百三十一篇之去取二戴無一相同蓋戴德傳經十七篇

次第以冠禮第一，昏禮第二，相見第三士喪第四既夕第五士虞第六特牲第七，少宰

第八有司徹第九鄉飲酒第十鄉射第十一燕禮第十二大射第十三聘禮第十四公

食第十五，觀禮第十六喪服第十七。而戴聖亦以冠禮昏禮相見禮相次為第一第二

第三其下則鄉飲第四鄉射第五燕禮第六大射第七士虞第八喪服第九特牲第十，

少宰第十一，有司徹第十二士喪第十三既夕第十四聘禮第十五公食第十六，觀禮

第十七。此經篇次之不同也戴德檢記百三十一篇合明堂陰陽記三十三篇，孔子

三朝記七篇，王史氏記二十一篇，樂記二十三篇為二百十四篇，取足以闡明經旨者，

得八十五篇謂之大戴記。而戴聖別刪定四十九篇謂之小戴記小戴記傳而大戴記

逸四十五篇其存目自三十九篇始無四十三四十四四十五六十一四篇有兩七十

四然各本不同或兩七十三或兩七十二其逸文往往見引他書；如班固白虎通引禮

謚法王度記三正記別名記親屬記五帝記少牢饋食禮注引禘於太廟禮疏云大戴禮文周

禮注引王霸記蔡邕明堂月令論引招穆篇；王充論衡引瑞命篇，應劭風俗通引號謚

記皆大戴逸篇也。亦有他書引大戴篇名與小戴同而文絕異者，如毛詩幽譜正義引

大戴禮文王世子漢書韋元成傳引祭義王式傳稱驪駒之歌在曲禮，服虔注云白虎

通畔桑篇引祭義曾子問情性篇引閒傳崩魂篇引檀弓王制許愼五經異義引大戴

禮器明堂月令論引檀弓。唐皮日休有補大戴禮祭法其文往往爲小戴記所無而大

戴記存篇之與小戴同者有投壺哀公問兩篇篇名同曾子大孝篇見小戴祭義諸侯

釁廟篇見小戴雜記朝事篇自『聘禮』至『諸侯附焉』見小戴聘義本事篇自『

有恩有義』至『聖人因殺以制節』見小戴喪服四制；其它篇目尚多同者蓋二戴

於百三十一篇之記各以意斷取成書，故異同參差乃爾後隋書經籍志乃以爲小戴

四十六篇删大戴之八十五篇者妄也！由是禮有大戴小戴慶普之學普授魯夏侯敬

又傳族子咸爲豫章太守。而大戴授琅邪徐良斿卿爲博士州牧郡守家世傳業號小戴

授梁人橋仁季卿楊榮子孫。仁爲大鴻臚著禮記章句四十九篇家世傳業號曰橋君

學而榮爲琅邪太守。由是大戴有徐氏小戴有橋楊氏之學孝宣帝時河內女子壞老

屋，又得逸禮古經一篇，合河間王五十六篇爲五十七。於是始立大小戴慶氏三家禮。

然考所謂三家禮者蓋三家受諸后蒼所傳經十七篇之禮，而大小戴禮記附十七篇

不別出；大小戴禮非大小戴禮記；亦不以逸禮古經爲勝十七篇而立學官也及孝成

帝時光祿大夫劉向領校中五經祕書向之卒，王莽以大司馬柄國薦向之子歆宗室，有

材行以光祿大夫貴幸復領五經卒父前業；乃以「禮古經者出於魯淹中及孔氏，

與十七篇文相似，多三十九篇及明堂陰陽王史氏記所見多天子諸侯卿大夫之制，

雖不能備猶瘉蒼等推士禮而致於天子之說。」果若所言則是逸禮古經之勝十七

篇也。然十七篇古稱士禮其實不皆士禮者，惟冠昏喪相見若祭禮則少牢

饋食有司徹爲大夫禮鄉飲射士大夫所通行；燕禮大射聘禮公食大夫爲諸侯禮觀

禮爲諸侯見天子禮並非專爲士設其通稱士禮者蓋以士冠列首遂並其下通稱爲

士而不復分別耳。且士禮何爲不可推而致於天子也？『自天子以至於士庶人壹是

皆以修身爲本。』孔子曰：『吾觀於鄉而知王道之易易也。』則是孔子推士禮而致

於天子之說也。魯穆公之母率使人問於曾子曰：『如之何？』對曰：『申也聞諸申之

父曰：『哭泣之哀，齊斬之情，饘粥之食，自天子達。』」則是曾子推士禮而致於天子之說也，記不云乎？『禮也者，義之實也；協諸義而協，則禮雖先王未之有，可以義起也；』何不可推致之有！是故知父子之當親也，則爲禮醮祝字之文以達焉；其禮非士冠可賅也，而於士冠焉始之。知君臣之當義也，則爲堂廉拜稽之文以達焉；其禮非聘覲可賅也，而於聘覲焉始之。知夫婦之當別也，則爲筵次悅羮之文以達焉；其禮非士昏可賅也，而於士昏焉始之。知長幼之當序也，則爲盥洗酬酢之文以達焉；其禮非鄉飲酒可賅也，而於鄉飲酒始之。知朋友之當信也，則爲雉腒奠授之文以達焉；其禮非士相見可賅也，而於士相見焉始之。記曰：『禮儀三百，威儀三千。』其事蓋不僅父子君臣夫婦長幼朋友也，即其大者而推之，而百行舉不外是矣。其篇亦不僅士冠聘覲士昏鄉飲酒士相見也，即其存者而推之，而五禮舉不外是矣。斯則蒼推士禮而致於天子之說也。而劉歆非之，何也？歆既親近，欲建立左氏春秋及毛詩古文尚書與逸禮，皆列於學官。哀帝令歆與五經博士講論其義，諸博士或不肯置對。歆因移書太常博士責讓之，其言甚切，爲羣儒排棄。會哀帝崩，王莽持政，莽少與歆俱爲黃門郎，重之，白

起歆，累遷中壘校尉典儒林史卜之官，徵天下通一藝教授十一人以上及有逸禮，古

書毛詩周官爾雅等篇文字通知其意者皆詣公車至者前後千數皆令記說庭中將

令正乖繆壹異說。而歆尤以為周官經六篇者；周公致太平之迹，迹具在斯，足以佐王

莽新政化者也奏請立周官經以為禮置博士然歆以前周官經之不以禮名者，蓋

此書乃班朝治軍設官分職之書；而非專為禮設正名之曰周官經，允符其實奚以改

為！然自是周官經之名廢，而以周禮易之一說：「『禮經邦國定社稷敘人民利後嗣

」左氏隱十一年春秋傳一故曰：『道德仁義，非禮不成。教訓正俗，非禮不備。分爭辯訟，非禮不決。

君臣上下父子兄弟，非禮不定宦學事師，非禮不親。班朝治軍涖官行法，非禮威嚴不

行禱祠祭祀供給鬼神，非禮不誠不莊。』禮記曲禮則禮者典章之達稱而非僅就揖讓周

旋言之。『揖讓周旋是儀也，非禮也。』左氏昭二十五年春秋傳然則周官經之題禮也亦宜而王

莽盜漢立法布令必以周禮為據焉然逸禮卒不得立。世祖中興禮有大小戴博士雖

相傳不絕然未有顯於儒林者慶氏禮雖不得立。然撰集漢禮以制一代大典者皆慶

氏之徒也！初魯國曹充持慶氏禮以博士從世祖巡狩岱宗定封禪禮還受詔議立七

郊三雍大射養老禮儀。顯宗即位，充上言：「漢再受命，仍有封禪之事，而禮樂崩闕，不

可為後嗣法。五帝不相沿樂，三王不相襲禮。大漢當自制禮以示百世。」帝召對善其

議，拜侍中；然事卒不行。子襃字叔通，少篤志，有大度，結髮傳充業博雅疏通，尤好學禮。

常憾朝廷制度未備，慕叔孫通為漢禮儀，而欲纘父之志，晝夜研精，沈吟專思，寢則懷

抱筆札，行則誦習文書，當其念至，忘所之適。初舉孝廉，再遷圉令，持德化，不立威刑；太

守襃奏弱罷官，徵拜博士，會蕭宗欲制定禮樂，襃上疏請定文制，著成漢禮，章下太

常。太常巢堪以冠一世大典，非襃所定，不可許。帝知羣寮拘攣難與圖始，朝廷禮憲宜

時刊立。襃復上疏具陳禮樂之本制改之意，遂拜侍中，從駕南巡，以事下三公未及奏。

詔召玄武司馬班固問改定禮制之宜。固曰：「京師諸儒，多能說禮，宜廣招集共議得

失。」帝曰：「諺言：『作舍道邊，三年不成。』會禮之家，名為聚訟，互生疑異，筆不得下。

昔堯作大章，一夔足矣！」章和元年正月乃召襃詣嘉德門；令小黃門持班固所上叔

孫通漢儀十二篇，勑襃曰：『此制散略，多不合經。今宜依禮條正，使可施行於南宮東

觀，盡心集作。」襃既受命，乃次序禮事，依準舊典，雜以五經讖之文，撰次天子至於庶

人冠婚吉凶終始制度，以爲百五十篇寫以二尺四寸簡；其年十二月，奏上帝以衆論

難一故但納之不復令有司平奏會帝崩和帝即位襃乃爲作章句帝遂以新禮二篇

冠擢襃監羽林左騎後大尉張酺尚書張敏等奏：「襃擅制漢禮破亂聖術宜加刑制。

」帝雖寢其奏而漢禮遂不行！然襃博物識古父子禮宗父充作章句辨難而襃作通

義十二篇演經雜論百二十篇；父傳禮記四十九篇致教授諸生千餘人。慶氏學遂行於

世同時治慶氏學以爲博士者又有犍爲董鈞字文伯世祖時舉孝廉辟司徒府博通

古今數言政事顯宗即位爲博士時草創五郊祭祀及宗廟禮樂威儀章服輒令鈞參

議，多見從用當世稱爲通儒累遷五官中郎將常教授門生百餘人亦慶氏禮之名家

也！初董鈞從大鴻臚王臨受慶氏禮。而扶風賈徽從劉歆受周官自歆之立周官遭王

莽敗兵革並起疾疫喪荒弟子死葬徒有里人河南緱氏杜子春及徽尚在徽子逹字

景伯能傳父業又受業於杜子春。初，子春年且九十家於南山注周官能通其

讀頗識其說逹與河南鄭衆仲師往受學焉衆父與字少贛亦作周禮解詁而衆逹傳

父師之學洪雅博聞又以經書記傳相證明爲解，逹解行於世而鄭與父子之解不行。

扶風馬融季長兼攬衆達二家，謂多遺闕而衆解近得實；因自力補之謂之周官傳，凡十二卷見隋書經籍志。自是周禮大行。然任城何休邵公猶斥周禮爲六國陰謀之書。惟北海鄭玄康成括囊大典徧覽羣經；從東郡張恭祖受周官禮記既因涿郡盧植子幹事馬融。融以周官傳授玄。而玄於諸家解詁獨稱『二鄭』者，與衆同宗之大儒明理於典籍觕識皇祖大經周官之義存古字發疑正讀亦信多善徒寡且約用不顯傳於世！乃因馬融之傳而參取杜子春之注鄭興鄭衆賈逵之解詁網羅諸家裁以已意，撰成周官禮注十二卷而以周官禮傳寫古文諸本達異其注云：『故書』者謂初獻於祕府所藏之本也其民間傳寫不同者則爲今書而正讀之例：有云『讀如』『讀若』者擬其音以求其似也。有云『讀爲』『讀曰』者，就其音以易其字也。有云『讀當爲』者糾其誤以正其字也。三例既定，而周官禮之大義乃可言矣。然周官禮古文學而鄭玄本習今文小戴禮之十七篇後以禮古經之五十六篇校之取其義長者從今文則注云『古文某爲某；』如士冠禮『闑西闑外』句注『古文闑爲槷闑爲蓻』是也。或從古文則注云『今文某爲某；』如士冠禮『禮辭孝友時格』句注『

今文格爲椵」是也。又有爲今文所無而爲古文所有者；士相見禮「某將走見」注「今文無走」；「凡執幣者不趨容」注「今文無容」；鄭不用今而用古者，以其足於文義也又有今古並存而復及他說者；士冠禮「章甫殷道也」注「甫或爲父今文爲斧」；鄉飲酒禮「遵者降席」注「今文「遵爲僎或爲全」是也又有存古今文而即指其意之所在者士相見禮「某不敢爲儀固請」注「今文不爲非古文固以請也」；聘禮「上介奉幣先入門左」注「古文重入」是也凡此之類蓋漢人校讎之通例；而鄭玄遵以注校十七篇焉又以小戴十七篇次第尊卑吉凶雜亂舍之不從而依劉向別錄以吉凶人神爲次蓋據記云「吉凶異道不得相干」；荀子云「吉事尚尊喪事尚親」遂以冠昏相見鄉飲鄉射燕大射聘公食大夫觀禮十篇爲吉禮，居先而喪祭七篇爲凶禮居後爲故名鄭氏學凡十七卷蓋一篇爲一卷也其注之發凡者數十事；如士冠禮注云：「凡奠爵，將舉者於右不舉者於左。」「凡禮士質者用糟文者用濟」；「凡薦出自東房」「凡牲皆用左胖。」其餘諸篇注皆有發凡之事；此尤有功於學者蓋讀禮者非籀繹有明無以通其指也玄又注小戴所傳禮記四十

九篇，通儀禮周官爲三禮，而撰三禮目錄一卷；三禮圖九卷，其中三卷則陳留阮諶士信受學於綦毋君取其說爲圖者也。於是周官之分經別出者與禮合爲一途，而禮記之附經不別出者，與經歧爲二軌。漢以經十七篇立學，曲臺后蒼九篇以後，並無解義；

杜賈二鄭止解周官；馬融解周禮，而十七篇止撰喪服經傳注一卷，獨鄭玄徧注三禮；

周禮多引杜子春鄭大夫鄭司農，前有所承尚易爲力；而經十七篇與小戴禮記四十九篇，未經人注解，前無所承比注周禮爲更難，而鄭玄觀其會通獨博學而詳說之，然鄭玄三禮之學其宏通在此！其雜糅亦在此！夫經十七篇，禮家之今文學也，周官六篇，禮家之古文學也。小戴禮記四十九篇，非一手所成，或同今文，或同古文，王制多同公羊穀梁冠義昏義鄉飲酒義射義燕義聘義朝儀喪服四制問喪祭儀祭統諸篇皆經十七篇之傳爲今文說；而玉藻爲古周禮說，曲禮檀弓雜記爲古春秋左氏說，祭法爲古國語說皆古文說則今古學糅者也而王制爲今學禮宗，比之周禮爲古文所宗云！然漢儒說禮別今古文最嚴。何休解公羊傳據逸禮而不據周官；以逸禮雖屬古文不若周官之顯然立異也。杜賈二鄭解周官皆不引博士說以博士祇立今文也。鄭眾注

大司徒五等封地，皆卽本經立說不牽涉王制。獨鄭玄和同今古文兩家說，疏通證明，以爲周禮夏殷禮之分而於不能合者或且改易文字展轉求通專門家法至此變矣！若乃好引緯書好改經字宋儒所譏固不足爲漢儒病也！惟鄭玄或據周官以疑王制，未嘗引王制以駁周官然則玄之議禮殆以古文說爲主者乎？涿郡盧植少與鄭玄俱事馬融撰三禮解詁會靈帝以蔡邕言立太學石經正五經文字植乃上書曰『臣少從通儒故南郡太守馬融受古學頗知今之禮記特多回宂臣前以周禮諸經發起粃謬敢率愚淺爲之解詁而家乏無力供繕寫上願得將能書生二人共詣東觀就官財糧專心研精合尙書章句考禮記失得庶裁定聖典刊正碑文』蓋蔡融今文而盧植學古文也然植能通古今學好研精而不守章句明著後漢書本傳意者植之所學，當亦今古糅雜與鄭玄同道者也惟玄注行世而植解不行獨禮記注十卷見隋書經籍志然植之注禮記有與鄭玄不同者；如鄭玄以王制爲夏殷雜而植以爲漢法等是也。自是鄭玄之學行而大小戴漸廢夫綜會今古文遍注三禮使家法不分明始於鄭玄而繼以魏太常東海王肅子雍兼併諸家參合同異成周官禮注十二卷，禮注十七

卷，禮記注三十卷見隋書經籍志，雖佚不傳，而每有見引他書者，惟蕭善賈馬之學而

不好鄭玄議禮必與相反。然鄭玄擇善而從立說皆有所據。如說廟制以為天子五廟，

周合文武二祧為七。本喪服小記『王者立四廟』禮緯稽命徵『唐虞五廟，夏四廟，

至子孫五殷五廟至子孫六。周尊后稷文武則七；』而蕭乃數高祖之父高祖之祖與

文武而九不知古無天子九廟之說而蕭說二祧，亦與祭法不合也。鄭玄說：『圜丘是

禘嚳配天』。圜丘本周官周人禘嚳本國語祭法。而蕭乃謂郊丘引董仲舒劉向為據

不知董劉皆未見周官不知有圜丘但言郊而不言禘不足以難鄭玄也。玄說：『三年

祫五年禘大禘小』本於春秋公羊經書『有事為禘各於其廟大事為祫羣廟主

悉升於太祖；』而蕭引禘於太廟逸禮『昭尸穆尸皆升合於太祖；』不知鄭玄以公

羊傳為正逸禮不可用也。鄭玄說五帝為五天帝本周官司服『祀昊天上帝則服大

裘而冕祀五帝亦如之；』五帝配南郊祭用夏正月故服大裘若五人帝則迎夏迎秋，

不得服裘又先鄭注掌次云『五帝五色之帝』是鄭玄義本先鄭；而蕭以為五人帝

分主五行然則大皞炎黃之先無司五行者乎？此與蕭駁鄭玄義以為社稷專祀句龍

后稷，不祀土穀之神者同一武斷也。考王肅所據之書鄭玄豈有不見而不用者，當時去取必自有說；而肅乃取鄭玄所不用者，轉以難玄。玄據今文，則以古文駁之；如據逸禮以駁公羊是也。而肅乃取古文則以今文駁之；如據董劉以駁周官是也。不知漢儒禮家聚訟今古文說不同。鄭玄折衷其義始亂家法，儻王肅有意攻玄當返求之家法，分別今古，斯或可以制勝乃肅之不別今古任意牽合殆尤甚於鄭玄，如王制廟制今說，祭法廟制古說此萬不能合者；而肅偽撰孔子家語孔叢子所言廟制合二書爲一說。鄭玄以爲祭法周禮，王制夏殷禮，尚有端緒可尋至肅乃盡抉其藩籬蕩然無復門戶使學者愈以迷亂，不復能知古禮之異；而家語孔叢舉禮家聚訟莫決者壹托於孔子之言以爲論定。不知禮家所以聚訟正以去聖久遠，無明文可據是以石渠虎觀至煩天子稱制臨決。若孔子之言如此彰灼，羣言淆亂衷諸聖尚何庸斷斷爭辨乎古人作注，發明大義而已。肅注家語如五帝七廟郊丘之類處處牽引攻鄭之語殊乖注書之體，而自發其作僞之覆！肅又作聖證論六十八事以譏短鄭玄；今約存者三十事禮之大者，卽五帝七廟郊丘禘祫社稷之屬其餘或文句小異不關大義然肅之所謂聖證者，

即取證於家語孔叢；徒以鄭玄名高，非託於聖言不足以奪其席；然而後之學者卒

家語為肅之偽作斯可謂心勞日拙者矣！樂安孫炎叔然受學鄭玄之門，乃駁釋聖證

論以難王肅，而著有禮記音義隱七卷，禮記注三十卷同時有鄭小同者，玄之孫也亦

撰禮義四卷具見隋書經籍志而皆不傳意必有所以申玄指而難王肅者惟古禮最

重喪服；經十七篇獨喪服子夏有傳故喪服又別為禮家專門之學。大戴有喪服變除

一卷見唐書藝文志。小戴禮記四十九篇有曾子問喪服小記雜記上下喪大記喪服

大記奔喪問喪服間傳三年問喪服四制十一篇皆屬喪服檀弓亦多言喪禮經十

七篇，馬融獨於喪服經傳有注而鄭玄王肅亦別出喪服經傳注各一卷見隋書經籍

志。志又著蜀丞相蔣琬撰喪服要記一卷吳齊王傅射慈撰喪服變除圖五卷斯足與

魏之王肅孫炎鄭小同輩駢稱三國之禮家者為晉武帝，王肅外孫郊廟典禮皆從肅

說。而鄭氏學幾廢迨元帝渡江太常荀崧請置鄭儀禮博士即十七篇之鄭氏學也。儀

禮之名始此漢以前無之也爰從晉宋逮於陳氏傳禮業者，小戴禮記尤盛周禮次之；

而儀禮獨盛喪服其著錄隋書經籍志者：晉有給事中袁準撰喪服經傳注一卷盧陵

太守孔倫集注喪服經傳一卷；陳銓撰喪服經傳注一卷；征南將軍杜預撰喪服要集二卷侍中劉逵撰喪服要集二卷大保衞瓘撰喪服儀一卷司空賀循撰喪服要六卷喪服要記十卷，喪服譜一卷；劉德明撰喪服譜一卷蔡謨撰喪服譜一卷散騎常侍葛洪撰喪服略一卷；徐氏撰喪服制要一卷開府儀同三司蔡謨撰喪服譜一卷雷次宗略注喪服經傳變除一卷。宋有大中大夫裴松之集注喪服經傳二卷，通直郎雷次宗注喪服經傳一卷丞相諮議參軍蔡超宗集注喪服經傳一卷徵士劉道拔撰喪服經傳注一卷員外郎散騎庾蔚之撰喪服三十一卷賀循喪服要記注十卷喪服世要一卷張耀撰喪服問二卷；崔凱撰喪服難問六卷；伊氏撰喪服雜記二十卷孔智撰喪服釋疑二十卷撫軍司馬費沈撰喪服集議十卷。齊有東平太守田僧紹集解喪服經傳二卷散騎郎司馬巘撰喪服經傳義疏五卷給事中樓幼瑜撰喪服經傳義疏二卷步兵校尉劉巘撰喪服經傳義疏一卷徵士沈麟士撰喪服經傳義疏一卷太尉王儉撰喪服古今集記三卷，喪服圖一卷光祿大夫王逸撰喪服世行要記十卷袁祈撰喪服答要難一卷王氏撰喪服記十卷嚴氏撰喪服五要一卷卜氏撰駁喪服經傳一卷樊氏撰喪服

疑問一卷賀遊撰喪服圖一卷；崔逸撰喪服圖一卷。梁有步兵校尉五經博士賀瑒撰

喪服義疏二卷；尚書左丞何佟之撰喪服經傳義疏一卷通直郎裴子野撰喪服傳一

卷國子助教皇侃撰喪服文句義疏十卷；喪服問答目十三卷；陳有國子祭酒謝嶠撰

喪服義十卷大將軍袁憲撰喪服假寧制三卷，喪禮五服七卷王隆伯撰論喪服決一

卷凡二百十九卷皆明喪服者也。周禮則有晉之樂安王師伊說周官禮注十二卷散

騎常侍干寶注周官禮十二卷，燕王師王懋約周官寧朔新書八卷，司空長史陳邵周

官禮異同評十二卷；散騎常侍虞喜撰集孫埼問干寶駁周官駁難三卷，孫略周官禮

駁難四卷，梁之桂州刺史崔靈恩集注周官禮二十卷，五經博士沈重周官禮義疏四

十卷凡二百有七卷視十七篇之喪服殺矣禮記則有晉之燕王師王懋約禮記寧朔新

書八卷開府儀同三司蔡謨安北諮議參軍曹躭國子助教尹毅李軌員外郎范宣禮

記音各二卷驍騎將軍徐邈禮記音三卷；劉昌宗禮記音五卷；宋之奉朝請業遵禮記

注二十卷中散大夫徐爰禮記音二卷；豫章郡丞雷肅之禮記義疏三卷散騎常侍戴

顒禮記中庸傳二卷齊之給事中樓幼瑜禮記擿遺別記一卷；梁武帝之撰禮記大義

十卷，中庸講疏一卷步兵校尉五經博士賀瑒之禮記新義疏二十卷；國子助教皇侃之禮記義疏九十九卷，禮記講疏四十八卷；五經博士沈重之禮記義疏四十卷；祕書學士褚暉之禮記文外大義二卷；何氏之禮記義十卷；庾氏之禮記略解十卷；創儁之禮記評十一卷凡二百九十七卷而姓名失考者尚略不著於三禮之中尤爲夥頤沈沈者也！梁桂州刺史崔靈恩撰三禮義宗三十卷，徵士陶宏景撰三禮目錄注一卷，祕書學士褚暉撰三禮疏一百卷斯又囊括大典而觀其會通者徒以爲南朝好清談士習祖尙元虛而孰知禪心禮學若是之精詳哉！斯所以期功去官猶遵古禮，除服宴客輒墨彈章也！北朝自魏末大儒華陰徐遵明子判門下講鄭玄三禮，傳業於渤海李鉉寶鼎中山馮偉偉節紀顯敬呂黃龍夏懷敬祖儁田元鳳而鉉撰有三禮義疏傳業饒安刁柔子瑤河間邢峙士峻渤海劉晝孔長樂熊安生植之平原張買奴渤海鮑季詳獨學安生最爲顯學安生初從房糾受周禮後乃事鉉遂博通五經然專以三禮教授弟子自遠方至者千餘人乃討論圖緯捃摭異聞先儒所未悟者皆發明之撰周禮義疏二十卷，禮記義疏三十卷其後生能通禮經者多是安生門人諸生靈通《小戴

禮記，於周禮儀禮兼通者十二三；而傳大戴禮記而為之解詁者廬周太學博士盧辨

一家而已！儀禮章疏則有二家。信都黃慶齊之盛德李孟悊者稱隋碩儒焉。自王肅與

鄭玄立異久而論定；六朝南北學三禮，壹宗鄭氏而為義疏者儻以小戴禮而論奚啻

數百家！然唐有天下國子祭酒孔穎達奉詔撰定禮記正義六十三卷序稱：『南學惟

見皇侃，北學惟見熊安生而皇侃為勝據以為本其有不備則以熊氏補焉惟熊則違

背本經，多引外義猶之楚而北行，馬雖疾而去愈遠又欲釋經文惟聚難義猶治絲而

棼之手雖死不首其邱。此皆二家之弊未為得也！』自以為後來居上雖立說

務伸鄭注不免附會然採撫舊文詞當理博有因記一二語而作疏至數千言者如王

制『制三公一命』云云疏四千餘字『比年一小聘』云云疏二千餘字月令郊特

牲篇題疏皆三千餘字其餘一千餘字者尤多；元本本貫通羣經譬諸依山鑄銅燒

海為鹽說禮之家有鑽研莫盡者焉然穎達之於鄭禮厲記注高宗之世太學博士

賈公彥據晉陳邵周官禮異同評，梁沈重周官禮義疏撰定周禮注疏四十二卷雖頗

引緯書，與鄭同譏；然疏不破注義例則然，而發揮鄭學信稱博而能核者焉！然周禮疏者尙有多門；擇善而從藉手爲易。而儀禮章疏，祇齊黃慶隋李孟悊二家而已！然賈公彥撰定儀禮注疏十七卷序稱：『慶則舉大略小，經註疏漏，猶登山遠望而近不察；悊則舉小略大，經註稍周，似入室近觀而遠不察。二家之疏，互有修短。今以先儒失路，後宜易塗，故悉鄙情，聊裁此疏』是創制起例，闡揚鄭指，尤有倍難於周禮者焉。夫三禮以鄭玄爲宗，而儀禮尤以鄭玄爲絕學，注文古奧，得疏乃明，抉發塗徑，首在發凡。有鄭注發凡而公彥疏辨同異者。鄭注不云凡，而與疏無異，由疏申明爲凡例者。有鄭注不發凡而疏發凡者，有經是變例，鄭注發凡而疏申明之者。有經是變例注不發凡而疏發凡者，有疏不云凡而無異發凡者。注精而簡，疏詳而密，分析常變，究其因由。千餘年來，議禮者奉爲依歸，後來著述皆此書之支流而已！初太宗之世，諫議大夫檢校侍中曲城魏徵以小戴禮記綜彙不倫，更作類禮二十篇，採諸儒訓注，數年而成。太宗美其書詔曰：『以類相從，別爲篇第，並更注解，文義粲然。』錄置內府，迄元宗時，魏光乘請用魏徵類禮列于經，帝命左散騎常侍元行沖與諸儒集義作疏，將立之學；

乃引國子博士范行恭四門助教施敬本採獲刊綴爲五十篇，上于官使此書得行，則

是唐代之於禮記獨出魏注之類禮元疏一本，叛前古之未有！將鄭注之戴記孔疏不

得擅美千古矣於是右丞相張說建言：『戴聖所錄，向已千載與經並立不可罷。魏孫

炎始因舊書摘類相比，有如抄掇諸儒共非之，至徵更加整次乃爲訓注恐不可用。』

帝然之。自是元疏之魏注類禮不出，而孔疏之鄭注戴記行。顧元行沖終以爲鄭注戴

記不如魏注類禮，著論自辨，名曰釋疑，大指謂『小戴禮行於漢末馬融爲傳盧植合

四十九篇而爲之解，世所不傳鉤黨獄起，康成於竄伏之中理紛拏之典雖存探空容

謀，靡所具鄭志者百有餘科，章句之徒，曾不是省。王肅因之，或多攻詆而鄭學有孫炎，

雖扶鄭義，條例支分箋石間起增革百篇。魏氏病夤言之尢脛采衆說之精簡，刊正夤

龔書畢以聞。大宗嘉賞錄賜儲貳陛下纂業宜所循襲，乃制諸儒分舊義豈悟章句

之士堅持昔言攬厭不伸疑於知新果於仍故然物極則變比及百年當有明哲君子，

恨不與吾同世者！』今孫炎禮記注三十卷不傳，而證以張說元行沖之言則是孫注

條例支分已以類比，而魏注類禮特整次孫注而刊其先脛爾然孔穎達禮記正義每

篇引鄭玄目錄云：『此於別錄屬某某。』如曲禮王制禮器少儀深衣屬制度。檀弓禮運玉藻大傳學記經解哀公問仲尼燕居孔子閒居坊記中庸表記緇衣儒行大學屬通論月令明堂位屬明堂陰陽。曾子問喪服小記雜記喪服大記奔喪問喪服問傳三年問喪服四制屬喪服。文王世子屬世子法。內則屬子法。郊特牲祭法祭統屬祭祀樂記屬樂。投壺冠義昏義鄉飲酒義燕義聘義屬吉事。別錄者，劉向書也，則是禮記之分類固不始於孫炎魏徵矣！何張說獨議魏徵哉，然魏徵類禮卒以張說之言不行。論者謂載記不廢，張說固有存古之功。而類禮不行，說亦不無泥古之失焉！迨唐中葉昌黎韓愈退之，一代文雄，然讀儀禮而苦其難，於是撮其大要，奇辭奧旨著於篇俾學者可觀焉。既唐氏失祚，降爲五代周世宗詔國子司業聶崇義參定郊廟祭玉因取三禮舊圖凡六本重加考訂成三禮圖集注二十卷，題曰集注，蓋兼採六圖不主一家也。宋初上於朝。太祖覽而嘉之，遂詔國學圖於先聖殿北軒之屋壁焉。考禮圖始於漢鄭玄阮諶隋書經籍志列鄭玄及後漢侍中阮諶等撰三禮圖九卷是也其後可考見者唐書藝文志有夏侯伏朗三禮圖十二卷，張鎰三禮圖九卷崇文總目有梁正三禮

圖九卷。宋史載吏部尚書張昭等奏云：「四部書目內有三禮圖十二卷，是開皇中敕

禮部修撰其圖第一第二題云『梁氏』；第十後題云『鄭氏』今書府有三禮圖，亦

題『梁氏鄭氏』四家與鄭阮圖併不傳意聶崇義所据三禮舊圖六本者蓋鄭玄一阮

諶二夏侯伏朗三張鎰四梁正五開皇敕撰六也。然勘驗崇義書之宮室車服等圖，與

鄭注多相違異歐陽修集古錄讖其簠圖與劉原父所得眞古簠不同。朱子亦讖其醜

怪不經非古制是宋代諸儒亦不以所圖爲然然其書蒐採諸家具有來歷當不盡出

杜撰也。梁正題阮諶譔圖，讖其不案禮文；而引漢事與鄭君之文違錯正不必以違異鄭

注，獨讖聶崇義此圖矣！自唐之孔穎達賈公彥疏章鄭注以成三禮正義，而禮學久定

壹宗顧宋儒好創新解，故相違異而始作之俑者當推臨川王安石介甫賈公彥以前，

說周禮者明典制王安石而後，說周禮者闡義理。神宗時，詔置經義局，撰書詩周禮三

經義皆本王安石說惟書詩皆出其子雱元澤及諸門弟子手獨新經周禮義二十二

卷出安石自爲雖訓詁多病穿鑿然依經詮義如所解八則之治都鄙八統之馭萬民

九兩之繫邦國者皆具有發明。後來儒者或訾安石以周禮壞宋，而於是書終不廢采

用也！新經既行，誦習者夥然而闡明其說，著書傳後者屢見福州陳詳道用之之禮書

一百五十卷及王昭禹之周禮詳解四十卷二家而已祥道之書貫通經傳論辨精博

縷悉條分間以繪圖唐代諸儒之論並世聶崇義之圖或正其失或補其闕惟掊擊鄭

注或來訾議然祥道本王安石之徒安石說經既創造新義務先儒然則祥道之排

斥舊說故是師法然爾何有於鄭注哉！至王昭禹未詳何人？而撰周禮詳解訓詁皆用

王安石黨亦既然其闡明經義推究得失，則有不盡同於安石之學而足訂注

疏所未逮者。後長樂楊時中立撰周禮辨疑一卷，則攻安石之周禮新經義者也。南渡

後臨川俞廷椿壽翁撰周禮復古編一卷，大指謂『五官所屬，皆六十不得有羨』其

羨者皆取以補冬官鑿空臆斷，殊嫌無據。然自是說周官禮者遂有冬官不亡之一派；

斯可特筆也！初神宗相王安石尊周官禮，而儀禮罷廢學者不復誦習迄南渡孝宗之

世兩浙轉運判官直祕閣曾逮始刊儀禮鄭氏注十七卷，陸德明釋文一卷冠以目錄

一卷，載大小戴劉向篇第異同，而永嘉張淳忠甫實為之校定撰儀禮識誤三卷其所

引據，有周廣順三年及顯德六年刊行之監本，有汴京之巾箱本，有杭之細字本嚴之

重刊巾箱本，參以陸德明釋文賈公彥疏，叅訂異同，最爲詳審惟株守釋文，往往以習俗相沿之字，轉改六書正體，此實不能無蔽然是書存，而古經漢注之譌文脫句，藉以考識舊槧諸本之不傳於今，亦藉以得見崖略其有功於儀禮誠非淺鮮也！自是儀禮之學漸盛！而廬陵李如圭寶之撰儀禮集釋三十卷壹宗鄭注，而旁徵博引以爲之釋，出入經傳多發賈公彥疏所未備；而別出綱目一卷以明章句之旨又爲釋宮一卷以考宮室之制；而釋宮之作，尤爲禮家之所不可缺何者蓋古者宮室皆有定制歷代屢更，漸非其舊如序楹楣阿箱夾牖戶當榮當碑之屬，讀儀禮者倘不能備知其處，則於陳設之地，進退之位，俱不能知；甚或以後世之規模臆測先王之度數。而如是書仿爾雅釋宮條分臚序，各引經記注疏參考證明；如據顧命東西序東西夾東西房之文，證寢廟之制異於明堂而不用孔疏引鄭志成王崩在鎬京宮室因文武不改作故制同諸侯之說又如大夫士東房西室之說雖仍舊注；而據聘禮『賓館於大夫士』證其亦有右房據鄉飲酒及少牢饋食證大夫士亦有左房東房之稱與天子諸侯言左對右言東對西者同其辨析詳明深得經意發先儒之所未發大率類此！信可爲治儀

禮者之圭臬也！朱子嘗與如圭校定禮書，而謂『儀禮者，禮之根本。禮記本秦漢諸儒解釋儀禮之書須與儀禮參通修作一書。』因撰儀禮經傳通解三十七卷凡家禮五卷鄉禮三卷學禮十一卷邦國禮四卷共二十三卷，爲四十二篇、中關書數一篇；大射至諸侯相朝八篇尚未脫稿其卷二十四至卷三十七凡十八篇則仍前草創之本，是爲王朝禮中關卜筮一篇目錄踐阼第三十一以後序說並闕蓋未成之本也其書以儀禮爲主而取大小戴禮記及他書傳所載繫於禮者附入之惟所載儀禮諸篇咸非糾其棄經任傳遺本宗末，於是解記附經，撰成是書答應仁仲書曰：『前賢常患儀禮舊次亦頗有所釐析或者不免割裂古經之譏。然自王安石廢罷儀禮，獨存禮記，朱子難讀以今觀之只是經不分章記不隨經而注疏各爲一書，故使讀者不能遽曉今定此本盡去詬弊恨不得令韓文公見之也！』觀其分章表目開卷瞭然儻亦考禮者所不廢乎惟喪祭二禮，未及倫次，則以屬其女夫長樂黃幹直卿；幹草創就質喜曰：『君所立喪祭禮規模甚善。』則是朱子之與幹者深也！然幹僅成喪禮十五卷；其祭禮則未及訂定而卒！福州楊復信齋者亦朱子門人，而幹之修祭禮也嘗邀復參訂焉逐據

槀本，參以所聞續成其書，凡十四卷，併幹成喪禮爲續儀禮經傳通解二十九卷，今自

卷十六至卷二十九皆復所修也。雖續解不出朱子，而端緒相因，規模不異，古禮之梗

概節目亦大略具是矣！初建德趙彥肅子欽作特牲少牢二禮圖，質於朱子。朱子曰：『

更得冠昏圖及堂室制度井考之乃佳！』於是楊復原本師意，錄十七篇經文，節取舊

說，疏通其意，各詳其儀節陳設之方位，繫之於圖，凡二百有五日儀禮圖又分宮廟門

冕牟門、牲鼎禮器門，爲圖二十有五名儀禮旁通圖附於後，其於是經可謂用心勤摯

矣！惟是讀儀禮者必明於古人宮室之制然後所陳所位揖讓進退不失其方故李如

圭儀禮集釋朱子儀禮經傳通解皆特出釋宮一篇以總挈大綱，使眾目皆有所麗。而

復是書獨廢此一門但隨事立圖或縱或橫既無定向或左或右僅列一隅遂似滿屋

散錢紛無條貫其見於宮廟門者僅止七圖而遠近廣狹亦未分明！然其餘諸圖尚皆

依經繪象約舉大端而於議禮考文尚不無裨補此南宋諸儒之治儀禮者也。考南宋

諸儒之治禮記者莫善於吳郡衞湜正叔撰禮記集說一百五十卷自序言『日編月

削，幾二十餘載』故採摭羣言最爲賅博去取亦最爲精審其後序云：『他人著書惟

恐不出於己予之此編，惟恐不出於人。後有達者者，毋襲此編所已言沒前人之善也」

則甚矣其用心之厚，可特表而出之者也！自鄭注而下，所取凡一百四十家。其他書之

涉於禮記者所採錄不在此數也。今自鄭注孔疏而外，原書無一存者，可謂禮記注家

之蒐採極博者也！時樂清王與之次撰周禮訂義八十卷采舊說五十一家，亦稱極

博然唐以前僅杜子春鄭與鄭眾鄭玄崔靈恩賈公彥等六家；其自劉敞以下四十五

家則皆宋人，凡文集語錄無不搜采。蓋以當代諸儒爲主古義特附存而已。冠以浦城

眞德秀西山序稱「鄭賈諸儒析名物，辨制度不爲無功；而聖人微旨終莫之睹！惟洛

之程氏關中之張氏獨得聖經精微之蘊！永嘉王君其學本於程張」蓋以義理爲本，

典制爲末，故所取宋人獨多矣！其注考工記據古文尚書周官司空之職，謂冬官未嘗

亡，則襲俞廷椿之說惟是四十五家之書十佚八九僅藉與之是編以傳雖貴賤近遠

不及衞湜禮記集說之多存古義而蒐羅宏富要亦湜之亞矣此宋儒禮注之宏博者

也。若乃根據注疏義取簡約厥有臨卭魏了翁鶴山之儀禮要義五十卷，贛州朱申繼

顯之周禮句解十二卷。了翁之書爲九經要義之一於每篇各爲條目而節取注疏錄

於下方，與周易尚書要義略同；蓋其著書本例如是也。夫儀禮於諸經為難讀，而鄭注古奧不易通，賈疏文繁句複，雖詳贍而傷蕪蔓端緒不明。今了翁刪繁取要分臚綱目，條理秩然，使品節度數之辨，不復以辭義輨轕為病，斯足為初學之津梁也！中之句解，大略逐句詮釋，裁約注疏而申以己見其間有力主注疏而曲為引證者；然亦有與注疏異者至於注疏之疑不能決者，則從多聞闕疑之例，誠慎之也！然寧鄉易祓彥章撰周官總義三十卷，則直研索經文斷以己意，與注疏不嫌異同，雖持論互有短長要皆以經釋經，不為鑿空而於職方氏之地理山川考證尤詳斯又詞必己出，不蹈前人者也！南宋入元而禮家胥出南人蓋仍宋學也最著者崇仁吳澄草廬掇拾逸經以補儀禮之遺，撰儀禮逸經傳二卷凡經八篇曰投壺禮曰奔喪禮取之禮記曰公冠禮曰諸侯遷廟禮曰諸侯釁廟禮取之大戴禮記而以小戴禮記相參定曰中霤禮曰禘於太廟禮曰王居明堂禮取之鄭康成三禮注所引逸禮編次先後皆依行禮之節次不盡從其原文蓋仿朱子儀禮經傳通解之例其引二戴記著所出鄭注不著所出惟鄭注三禮曾引之天子巡狩禮，烝嘗禮軍禮，朝貢禮逸奔喪禮，皆未見採而中霤禮禘於太

廟禮，王居明堂禮之見引鄭注，未探澄書者亦不少。至傳十篇，則皆取之二戴記；曰冠儀，曰昏儀；曰士相見儀，曰鄉飲酒儀，曰鄉射儀，曰燕儀，曰大射儀，曰聘儀，曰公食大夫儀，曰朝事儀；其鄉射儀，大射儀取禮記射義篇所陳天子諸侯卿大夫之射禮之為二。

其士相見公食大夫二儀，則取宋劉敞之所補。然敞擬記而作者尚有投壺儀一篇，亦見敞所著公是集。而澄遺焉，則亦不免多所疏漏。然較之祁門汪克寬德輔所撰之經禮補逸則條例精密多矣！克寬之經禮補逸九卷，蓋取儀禮周官大小戴記春秋三傳以及諸經之文有涉於禮者以吉凶軍賓嘉五禮統之吉禮之目六十有八凶禮之目五十有七軍禮之目二十有五，賓禮之目十有三，嘉禮之目二十有一，而以禮經附說終焉。然克寬究心道學於禮家度數，非所深求於著書體例亦不甚講如每條必標出典是矣乃一類之中條條連綴書之，合為一篇，文相屬而語不屬，遂致參差無緒又此書實考典文非考故事乃多載春秋失禮之事繫以論說雜列古制之中卷頁雖視澄書為增而精實則遠遜澄之撰禮記纂言也其書三十六卷每一卷為一篇大致以戴記經文麗雜疑多錯簡故每一篇中其文皆以類相從俾上下文意義聯屬貫通，

而識其章句於左其三十六篇次第，亦以類相從凡通禮九篇喪禮十一篇，祭禮四篇，

通論十一篇各爲標目如通禮首曲禮則以少儀玉藻篇附之皆非小戴之舊蓋劉向

別錄魏徵類禮之嗣響也他如大學中庸依宋儒別隸四書而投壺奔喪歸於儀禮冠

義等六篇別輯爲儀禮傳胥以隸於儀禮逸經傳之內焉黨亦張皇補苴有裨禮經者

乎若乃疏解三禮繼往開來厥有豫章毛應龍介石之周官集傳十六卷長樂敖繼公

君善之儀禮集說十七卷都昌陳澔可大之禮記集說十卷大抵好爲肛談不本古義；

三家之所同蔽而度長挈短當以敖繼公儀禮集說爲善其自序稱：『鄭康成注疵多

而醇少；刪其不合於經者意義有未足則取疏或先儒之說以補之又未足則附以一

得之見。』又疑喪服傳違背經義非子夏作皆未免宋儒師心之餘習然於鄭注之中，

錄其所取而不攻駁所不取無吹毛素垢百計求勝之心蓋繼公於禮所得頗深其不

合於舊說者不過所見不同各自抒其心得初非矯激以爭名故與目未睹註疏之面

而隨聲佐鬬者有不同也且鄭注簡約又多古語賈公彥疏尚未能一一申明；繼公獨

逐字研求務暢厥旨實能有所發揮則亦不病其異同矣！毛應龍之周官集傳膠執舊

文，疏於考核，不如敖繼公儀禮之能疏通證明；然諸家訓釋，引据頗博，而於冕服車旗之度，廟祧昭穆之制，司尊彝六尊六彝司几筵之五几五席方弓義弓之異名正歲正月之並用條例引證頗為明晰。宋以來諸家散佚之說，尚因是以存崖略；其蒐輯之功尤不可沒也！至陳澔之禮記集說，其詳明者皆襲自鄭注其簡略者，即自以意為刪改不知禮制當有根據禮意當有發明，而箋釋字句循文為詁用為蒙訓則有餘，求以經術斯不足要視敖繼公之儀禮，毛應龍之周禮，尤為卑之無甚高論者矣！初仁宗制猶有存者知禮不可以空言解也澔之集說，徒託空言而成書則在仁宗制科舉之後，定科舉罷儀禮周禮，不以試士獨用禮記然禮記則專用古注疏蓋其時老師宿儒本不為議禮者所重徒以禮文奧賾誦讀為難因其疏解得知門徑斯以為便蒙之讀本耳詎意明纂元祚遂定禮記用澔說。全其中禮記三十卷，壹以澔說為宗，用以取士遂誦習相沿而不知用注疏，則集說之精華畢出用集說則昔賢之訓詁半淪此固澔始願所不及也！夫說禮記者漢唐莫善於鄭孔而鄭注簡奧，孔疏典贍皆不似澔說之淺顯。宋儒莫詳於衛湜而卷帙繁富，亦

不似澔說之簡易又南宋以來，朱子之學大行；而澔父大猷師餘干饒魯，魯師黃幹；而幹爲朱子之壻遂藉朱學之旗鼓獨列學官而成禮家不刊之書焉！自是禮記之陳澔集說行而鄭注孔疏廢三禮之在有明，幾爲絕學矣古義蕩然而儀禮束閣無人問獨周禮差多習者然周禮一書得鄭注而訓詁明得買疏而名物制度考究大備雖有疏舛，要非宋元諸儒望文鑿空者所得置辭也！宋儒周程張朱自度徵實之學必不能出漢唐上故雖盛稱周禮而皆無箋注之專書其傳於今者王安石王昭禹始推尋於文句之間而自俞廷椿以後多騁臆見竄亂五官以補冬官之亡！經遂破裂不完！朱申以後又苟趨簡易以敘官爲無用而刪之經遂有目無綱沿及明代彌逐頹波义空疏不事考據而推論義理於是考證之學漸變爲論辨之學其可考見者，如山陰季本明德之讀禮疑圖六卷；歸安唐樞惟鎮之周禮因論一卷；崑山王應電昭明之周禮傳十卷翼傳二卷圖說二卷德清沈瑤林珍之周禮發明一卷大抵議論多而考證少至廣昌何喬新廷秀之周禮集注七卷；進賢舒芬國裳之周禮定本四卷；長興陳深子淵之周禮訓雋二十卷長樂柯尚遷之周禮全經釋原十四卷休寧金瑤德溫之周禮述

注六卷；豐城徐卽登岳之周禮說十四卷；京山郝敬仲輿之周禮完解十二卷；莆田

郭良翰道憲之周禮古本訂註六卷則又承譌襲謬竄亂古經，而宗宋俞廷椿冬官不

亡之說者也。鄭注賈疏亦幾乎從祧矣！獨崑山王志長平仲於神宗之世，撰周禮注

疏删翼三十卷，壹以鄭注賈疏爲主，謂之删者以其書多刊削鄭注賈疏之繁文也！又

雜引諸家之說以發明其義，故謂之翼雖多采宋以後說不免浮文妨要，而能以注疏

爲根柢尚變而不離其宗者也！又篇第壹遵舊次，不爲竄亂，亦爲力遏橫流，在經學荒

燕之日臨深爲高可謂研心古義者矣！既讓清代輿禮學重光而首開風氣驅除先路

者，厥推濟陽張爾歧稷若鄞縣萬斯大充宗，皆明之遺獻也！初爾歧之父曰廷鸞者自

以家藏宋景德中官本儀禮疏正經注語皆標起止而疏文列其下因以明國子監刊

本附益手自點校幷取朱子與黃幹楊復所次成儀禮鄭注句讀十七卷附監本正誤

石經正誤二卷其書全錄儀禮鄭注摘取賈疏而略以已意斷之於字句同異考證極

詳所校除監本外則有唐開成石經本元吳澄本及陸德明音義朱子師弟經傳通解

諸家其謬誤脫落衍羨顚倒，經注混淆之處皆參考得實又以監本十三經，儀禮脫誤

尤多，而西安王堯惠刻石經補字，亦有舛錯，乃爲二二駁正，而因其文之古奧難通也，

故並爲之句讀。蓋儀禮一經，自唐韓愈已苦難讀，故習者愈少，傳刻之譌愈甚！爾歧茲

編於學者可謂有功矣昆山顧炎武亭林於友朋嚴於推許獨爲人稱爾歧儀禮鄭注

句讀一書，根本先儒立言簡當，而惜其不求聞達，無當時之名作廣師篇曰『獨精三

禮卓然經師吾不如張稷若』推挹甚至，不徒然也！至斯大以三禮名當世不同爾歧

之闇然隱淪傳者稱『斯大排纂說禮之言較衛湜爲傳湜無所折衷而斯大則批

卻導竅言之了了爲書三百卷』惜其不見而別出者四書曰周官辨非一卷大旨病

其官尤而賦重歷引諸經之相牴牾者以力攻其僞也曰儀禮商二卷則取儀禮十七

篇篇爲之說者也曰學禮質疑二卷蓋讀禮有不安者以志疑也曰禮記偶箋三卷則

與學禮質疑相爲表裏者。大抵好出新義勇於師心讀者或喜其覃思而亦嫌其自用！

然斯大學本淹通用思尤銳其合處往往發明前人所未發如儀禮商之辨治朝無堂；

學禮質疑之辨商周改月改時周詩周正兄弟同昭穆及宗法十餘篇推闡皆極精確，

置其非而存其是亦未始非一家之學也然好騁獨見不盡可依據轉不如張爾歧恪

守鄭注，離經辨志之謹樸矣！自張爾歧萬斯大而後，風氣大開議禮之作日出，略可考

見者周禮則有安溪李光坡耜卿之周禮述注二十四卷李鐘倫世得之周禮訓纂二

十一卷桐城方苞望溪之周官集注十三卷周官析疑三十六卷考工記析義四卷金

官辨一卷吳縣惠士奇天牧之禮說十四卷婺源江永慎修之周禮疑義舉要七卷周

壇段玉裁懋堂之周禮漢讀考六卷韋協夢之周官彙說三十二卷附解義十二卷武

進莊存與方耕之周官記五卷周官說二卷周官說補三卷德清徐養原新田之周官

故書考四卷南城王聘珍貞吾之周禮學二卷南海曾釗冕士之周禮注疏小箋四卷

湘潭王闓運壬秋之周官箋六卷瑞安孫詒讓仲容之周禮正義八十六卷焉。儀禮則

有李光坡之儀禮述注十七卷方苞之儀禮析疑十七卷仁和吳建華中林之儀禮章

句十七卷無錫蔡德晉仁錫之禮經本義十七卷吳江沈彤果堂之儀禮小疏一卷長

洲褚寅亮搢升之儀禮管見四卷秀水盛世佐之儀禮集編四十卷江永之儀禮釋例

一卷段玉裁之儀禮漢讀考一卷歙縣凌廷堪次仲之禮經釋例十三卷韋協夢之儀

禮集解四十卷儀禮章句十七卷武進張惠言皋文之儀禮圖六卷讀儀禮記二卷績

溪胡培翚竹村之儀禮正義四十卷，涇胡承珙墨莊之儀禮古今文疏義十七卷；徐養

原之儀禮古今文異同疏證十七卷；嘉定金曰追璞園之儀禮經注疏正譌十七卷；續

溪胡匡衷樸齋之鄭氏儀禮目錄校證一卷；王聘珍之儀禮學一卷；湘鄉曾國藩滌生

之讀儀禮錄一卷；遵義鄭珍子尹之儀禮私箋六卷；湘潭王闓運壬秋之禮經箋十七

卷焉禮記則有滿洲納喇性德容若之陳氏禮記集說補正三十八卷；李光坡之禮記

述注二十八卷方苞之禮記析疑四十六卷；江永之禮記訓義擇言八卷，仁和杭世駿

大宗之續衛氏禮記集說一百卷江都焦循里堂之禮記補疏三卷；陽城張敦仁古餘

筠仙之禮記質疑四十九卷焉。若乃一事一篇，專攻名家者周禮則有沈彤之周官祿

陳喬樅樸園之禮記鄭讀考六卷湘潭王闓運壬秋之禮記箋四十六卷湘陰郭嵩燾

之撫本禮記鄭注考異二卷；德清俞樾蔭甫之禮記異文箋禮記鄭讀考各一卷侯官

田考三卷嘉定王鳴盛西莊之周禮軍賦說四卷；休寧戴震東原之考工記圖二卷；儀

徵阮元芸臺之車制圖考一卷；歙程瑤田易疇之溝洫疆理小記水地小記考工創物

小記各一卷鄭珍之考工輪輿私箋一卷，附圖一卷定海黃以周元同之軍禮司馬法

一卷。儀禮則有秀水諸錦襄七之補鄉禮一卷，荊溪任啟運翼聖之宮室考十三卷，肆
獻祼饋食禮三卷；江永之釋宮譜增注一卷；興化任大椿幼植之弁服釋例八卷；臨海
洪頤煊筠軒之禮經宮室答問二卷；程瑤田之喪服足徵記十卷；胡匡夷之儀禮釋官
九卷；南豐吳嘉賓子序之喪服會通說四卷。禮記則有錢塘邵泰衢鶴亭之檀弓疑問
一卷；江永之深衣考誤一卷；吳縣惠棟定宇之明堂大道錄八卷、禘說二卷、任大椿之
深衣釋例三卷；胡培翬之燕寢考三卷；善化皮錫瑞鹿門之王制箋一卷；南海康有為
長素之禮運注一卷，而兼綜博考，不名一家者，則又有崑山徐乾學健菴之讀禮通考
一百二十卷；平湖陸隴其稼書之讀禮志疑六卷；江永之禮書綱目八十五卷；金匱秦
蕙田樹峯之五禮通考二百六十二卷；歙金榜蘂齋之禮箋三卷，曲阜孔廣森撝約之
禮學卮言六卷；江都凌曙曉樓之禮說四卷；侯官陳喬樅樸園之禮堂經說二卷；臨海
金鶚誠齋之求古錄禮說十五卷，補遺一卷；當塗夏炘心伯之學禮管釋十八卷；仁和
邵懿辰位西之禮經通論一卷；黃以周之禮書通故一百卷；皮錫瑞之三禮通論一卷
焉。凡一千六百三十一卷，其不知者蓋闕如也。可謂洋洋乎大觀也哉！問嘗究其得失

明其指歸有考訂字句，正其譌脫者。有辨章注語，校其音讀者有離經辨志，明其章句者。有發凡起例，觀其會通者。有刪正舊注，訂其闕失者。有駁糾前人庶乎不刊者。有明發經疑以俟論定者。有偶疏小箋自抒所見者。有折衷至當重造新疏者。有依物取類，繪爲禮圖者。有疏證名物究明古制者。有心知其意創通大義者。有網羅衆說博采前賢者。有旁采古記而補禮經之闕佚者。有囊括大典而考禮制之沿革者。有兼綜三禮而明禮學之源委者略條諸家以明指歸。則有胡承珙之儀禮古今文疏義徐養原之周官故書考儀禮古今文異同疏證，金曰追之儀禮經注正譌張敦仁之撫本禮記鄭注考異，俞樾之禮記異文箋斯所謂考訂字句，正其譌脫者也。段玉裁之周禮漢讀考儀禮漢讀考，俞樾陳喬樅之禮記鄭讀考，斯所謂辨章注語，校其音讀者也。吳廷華韋協夢之儀禮章句江永之禮書綱目胡匡衷之鄭氏儀禮目錄校證所謂離經辨志明其章句者也。江永之儀禮釋例凌廷堪之禮經釋例，莊存與之周官記任大椿之弁服釋例深衣釋例，斯所謂發凡起例觀其會通者也。李光坡之周禮述注儀禮述注禮記述注李鍾倫之周禮訓纂斯所謂刪正舊注訂其闕失者也。納喇性德之陳氏禮記集

說補正惠士奇之禮說，沈彤之周官祿田考，江永之禮記訓義擇言深衣考誤，褚寅亮

之儀禮管見鄭珍之儀禮私箋斯所謂駁糾前人，庶乎不刊者也。陸隴其之讀禮志疑，

方苞之周官析疑周官辨儀禮析疑禮記析疑，邵泰衢之檀弓疑問，江永之周禮疑義

舉要郭嵩燾之禮記質疑斯所謂明發經疑以俟論定者也，沈彤之儀禮小疏，金榜之

禮箋孔廣森之禮學卮言，莊存與之周官說周官說補焦循之禮記補疏，張惠言之讀

儀禮記王聘珍之周禮學儀禮學曾國藩之讀儀禮錄曾釗之周禮注疏小箋斯所謂

偶疏小箋自抒所見者也。胡培翬之儀禮正義，孫詒讓之周禮正義，斯所謂折衷至當，

重造新疏者也。戴震之考工記圖阮元之車制圖考張惠言之儀禮圖鄭珍之考工輪

輿私箋附圖斯所謂依物取類繪為禮圖者也。任啟運之宮室考江永之釋宮譜增注，

王鳴盛之周禮軍賦說程瑤田之溝洫疆理小記水地小記考工創物小記洪頤煊之

禮經宮室答問胡培翬之燕寢考胡匡衷之儀禮釋宮，陳喬樅之禮堂經說金鶚之

古錄禮說，夏炘之學禮管釋斯所謂疏證名物究明古制者也。惠棟之明堂大道錄，

說程瑤田之喪服足徵記凌曙之禮說吳嘉賓之喪服會通說皮錫瑞之王制箋康有

為之禮運注斯所謂心知其意，創通大義者也。方苞之周官集注，蔡德晉之禮經本義，

謂網羅衆說博采前賢者也。諸錦之補饗禮，任啓運之肆獻祼饋食禮，黃以周之軍禮

司馬法斯所謂旁蒐故記而補禮經之闕佚者也。徐乾學之讀禮通考，秦蕙田之五禮

通考，黃以周之禮書通故，斯所謂括囊大典而考禮制之沿革者也。邵懿辰之禮經通

論皮錫瑞之三禮通論，斯所謂兼綜三禮而明禮學之源委者也。雖議禮考文厥功無

二；然識大識小，賢否判然。而揚榷羣言，較其短長，要以惠士奇之禮說，盛世佐之儀禮

集編褚寅亮之儀禮管見杭大宗之續禮記集說秦蕙田之五禮通考段玉裁之二禮

漢讀考，莊存與之周官記，凌廷堪之禮經釋例，張惠言之儀禮圖，胡培翬之儀禮正義；

邵懿辰之禮經通論十二家開設戶牖，爲能不誣來學斯有可得而論者焉！按惠士奇

之禮說廑限於周禮。而言禮學者，固以鄭玄爲宗然必悉其名物而後可求其制度得

其制度而後可語其義理鄭玄之時去周已遠其注周禮多比擬漢制以明之後世去

漢年代杳遠在玄當日之所謂猶今某物某事某官者多不解爲何語而當日經師訓

詁，輾轉流傳，亦往往形聲並異不可以今音今字推求。士奇之書雖不載全經而惟標

舉其所考證駁辨者；然古音古字無不爲之分別疏通，而援引諸史百家之說或以證

明周制，或以參考鄭氏所引之漢制以遞求周制，而闡明制作之意；尤爲有裨禮學，不

惑方來！其持論以爲「禮經出於屋壁多古字古音經之義存乎訓識字審音乃知其

義；故詁訓不可改也。」康成注經皆從古讀蓋字有音義相近而譌者，故讀從之後世不

學，遂謂康成好改字豈其然乎！康成三禮何休公羊多列漢法以其去古未遠故借以

爲況。賈公彥於鄭注如『飛矛』『扶蘇』『薄』『借碁』之類皆不能疏所讀之

字，亦不能疏輒曰從俗讀甚非不知蓋闕之義夫漢遠於周，而唐又遠於漢宜其說之

不能盡通也況宋以後乎！周秦諸子其文雖不雅馴然可引爲禮經之證以其近古也。

故不讀非聖之書者非善讀書！斯誠通儒之談，而非拘文牽義之經生所敢與知者

也！盛世佐本末無考其儀禮集編一書成於乾隆十二年丁卯雖不如惠氏禮說之淵

深經術而裒輯古今說儀禮者一百九十七家斷以己意無淺學空腹高談輕排鄭賈

之習於諸家謬誤辨證極詳而以宋楊復之儀禮圖本注疏作然時有併注疏之意失

之者，亦一一是正之其持論謂『朱子儀禮經傳通解，析諸篇之記，分屬經文蓋編纂

之初，不得不權立此例以便尋省惜未卒業而門人繼之，因仍不改，非朱子意！』故是

編經自經記自記一依鄭玄其士冠士相見喪服等篇經記傳寫混淆者則別定次序

於後而不敢移易經文亦可謂儀禮家之謹嚴者矣！時則有褚寅亮義精儀禮蓋三十

年嘗謂：「宋人說經好爲新說棄古注如土苴獨儀禮爲樸學空談義理者無從措辭；

而朱子黃幹楊復諸大儒又崇信之故鄭氏專門之學未爲異義所汩！至元吳興敖繼

公出乃詆爲『疵多醇少』其所撰集說，云采先儒寔騁私臆學者苦注疏之繁重而

樂其易曉往往舍古訓而從之！近儒方苞沈彤咸稱其善然推繼公之意不在解經而

實有意與鄭玄立異特巧於立言含而不露若無意排擊者是以入其玄中而不悟！至

於說有不通甚且改竄經文曲就其義如鄉飲酒記『若有北面者東上』敖改東爲

西。不知注明言『統於門』門在東則不得以西爲上也鄉射記『勝者之弟子洗觶

升酌南面坐奠於豐上降祖執弓反位』敖以『祖執弓』句爲衍不知所謂『勝者

之弟子』卽射賓中年少者以是勝黨故『祖執弓』非衍文也燕禮『媵觚於賓』

敖改觚爲觶不知獻以爵者酬以觶燕禮,宰夫主獻;既不以爵,則酬亦不以觶矣!安可破觚爲觶乎?大射儀『以耦左還上射于左』,敖依鄉射改爲于右,不知上射位在北,下射位在南鄉射大射所同,但鄉射位在福西從福向西則北爲右大射次在福東,從福向東則北爲左,敖比而同之,昧于東西之別矣喪服記『公子爲其妻練冠』敖改練爲緣,不知練冠之緣亦緣以緣,故間傳云:『練冠緣』就其質言之曰練冠就其緇言之曰緣冠,毋重,故言其質妻輕,故言其緇非有二也士虞禮『明齊溲酒』敖以溲酒爲衍文,不知注明言『有酒無醴』而据下文『普薦溲酒』亦專言酒不及醴;豈得妄解明齊爲醴輒刪經文乎?特牲饋食禮『三拜衆賓衆賓答再拜』敖改再爲一。不知鄉飲酒衆賓答一拜者大夫爲主人也,有司徹之答一拜者大夫爲祭主也。此士禮安得以彼相例乎?」凡如所云,皆融貫全經疏通證明;雖善辨者不能爲敖氏置喙也!因著儀禮管見一書,雖不如盛世佐儀禮集編之博洽,而於敖氏書繩愆糾違,亦有世佐所不逮者焉!杭世駿續禮記集說所錄自宋元人迄於清初,別擇固極精審,而蒐采之博,亦不亞盛世佐之於儀禮集編;惟其書網羅羣言而略不折衷以己意,則有

與世佐異者蓋仍衞湜之例。然論禮書之採摭極博當無有過於秦蕙田五禮通考者

也！蕙田專攻禮學及冠之年與同縣蔡德晉宸錫吳鼐大年吳鼎尊彝兄弟爲讀經會

而蕙田寔尸其事相與論「三禮自秦漢諸儒抱殘守缺注疏雜入讖緯轇轕紛紜宋

史載「朱子嘗欲取儀禮周官二戴記爲本編次朝廷公卿大夫士民之禮盡取漢晉

以下諸儒之說考訂辨正以爲當代之典」今觀所著經傳通解繼以黃楊二氏修述，

僅彙纂經傳而未及考訂漢晉以來之禮。然漢晉以來之禮，即孔子所謂百世可知之

禮皆有天下者議禮考文制度之實而爲當代禮典所由出特其沿革損益不能盡合之

古人者有之；而其不合之處，正宜搜羅詳述考訂折衷以定其是非此而不錄則世儒

議禮所謂損益可知者從何處下手雖欲爲叔孫通之綿蕝而不可得矣獨崑山徐乾

學讀禮通考一書本之經傳而參以歷代典制規模義例具得朱子本意惜其僅及喪

葬而周官大宗伯所列五禮之目古經散亡鮮能尋端竟委」迺於禮經之文，如郊祀

明堂宗廟禘嘗饗宴朝會冠昏賓祭宮室衣服器用等先之以經文之五見錯出足相

印證者繼之以注疏諸儒之牴牾訾議者又益以唐宋以來專門名家之考論發明者；

半月一會，問者難者答者迴旋反覆務期愜諸人而後乃筆之箋釋存之，問者答者辨者迴旋反覆務期愜諸已信諸人而後乃筆之箋釋存之，考辨如是者二十餘年而裒然漸有成帙矣然後發凡起例一依徐氏而網羅衆說以成一書凡爲類七十五以樂律附於吉禮宗廟制度之後以天文推步句股割圓立觀衆授時一題統之以古今州國都邑山川地名立體國經野一題統之並載入嘉禮雖事嫌旁涉非五禮所應該不免有炫博之意；然周代六官統名曰禮之用精粗條貫，所賅本博故朱子儀禮經傳通解於學禮載鍾律詩樂又欲取許愼說文解字序說及

九章算經爲書數篇而未成則蕙田之以類纂附尚不爲無據也顧同縣顧棟高震滄讀其書而讚焉謂『援引多而斷制少典故多而發明少，如禮書總帳簿讀者漫無別擇甚無謂也！』蕙田則應之曰「援引者斷制之所從出斷制者援引之歸宿也。苟不援引何從斷制善援引而成斷制，非兩事也。孔子曰：『禮失而求諸野。』

裨官小說亦取其言之是而助吾之斷制者耳即不然，亦顯著其謬明斥其非不使如隱慝之潛滋陰流其毒以惑後世而潛害吾之斷制者耳如此則援引愈多典故愈多，而發明斷制亦因以詳備然後疑處可破碍障可除先聖之制作，乃獨伸其是而尊於

百世之上豈漫無別擇而牽引之哉！事源流本末罔然不知卽有所謂斷

制者亦必憑私忖度罅隙百出，動輒罣礙而不足信」孔子曰『文獻不足故也足則吾

能徵之矣！」中庸曰『無徵不信。』徵者援引也典故也」以故考證經史原原本本，

具有經緯而同削草者吳鼎與校訂者桐城方觀承宜田嘉定錢大昕莘楣山陽吳玉

搢山夫也。可謂體大物博，而集歷代禮制之大成者矣！然議禮制固綦難考禮文亦不

易而考禮文之審其惟段玉裁之二禮漢讀考乎自序稱：「點畫謂之文文滋謂之字。

音讀謂之名之分別部居謂之聲類鄭君注周禮多采衛賈馬二鄭之說猶有差

錯同事相違，則就其原文字之聲類考訓詁蓋訓詁必就其原文，而后不以字妨經必

就其字之聲類，而後不以經妨字也。漢人作注於字發疑正讀其例有三一曰『讀如

讀若』二曰『讀爲讀曰』三曰『當爲。』『讀如讀若』者疑其音也古無反語故

爲比方之詞。『讀爲讀曰』者易其字也易之以音相近之字故爲變化之詞。此方主

乎同音同而義可推也變化主乎異字異而義憭然也比方主乎音變化主乎義比方

不易字故下文仍舉經之本字變化字已易故下文輒舉所易之字注經必兼茲二者，

故有「讀如」，有「讀為」。字書不言變化，故有「讀如，無「讀為。有言「讀如某」「讀為某」而仍本字者；「如」以別「為」以別義。「當為」者為字之誤，聲之誤而改其字也為救正之詞，形近而譌為字之誤，聲近而譌為聲之誤；而正之謂之「當為」。凡言「讀為」者，不以為誤言「當為」者斥其誤。三者分而漢注可讀，而經可讀。三者皆以音為禮經發，而周禮寫自古文，儀禮稱尤難讀，漢讀三例寔自玉裁發之；其言固不廛為禮經發而周禮寫自古文，儀禮文不先為考定禮制且無從置議！因先成周禮漢讀考六卷，而「讀如」「讀為」「當為」之諸例俱在焉。其儀禮則僅成士冠禮一卷而已！亦不如周禮之完密也。夫周禮一書根據鄭注，考其讀例者，莫如段玉裁之漢讀考。而融貫經文，明其制度者，當推莊存與之周官記。關通羣經融會參證，於體國經野分土任民之法，言之尤詳，其書不循文注箋，而提要鉤玄自成一書；匪經文之興僅寔古禮之別記也！至儀禮之所以難讀者，朱子云：「祇為重複倫類若通，則其先後彼此展轉參照，足以互相發明。」誠哉是言然通倫類宜起凡例。鄭注賈疏咸重發凡而有未逮。凌廷堪禮經釋例融貫全經，

凡通例四十飲食之例五十有六,賓客之例十有八,射例二十,變例二十有一,祭例三十,器服之例四十,雜例二十有一宏綱細目經緯具在信足匡鄭賈所未逮而爲禮經之功臣然而不別立宮室之例者蓋以爲宋李如圭儀禮釋宮已詳故也。惟是讀儀禮者,必明宮室而后陳設進退知所措。宋楊復儀禮圖無宮室論者以爲未得要領,凌氏將無同譏獨張惠言取儀禮十七篇篇爲之圖而首冠以宮室之圖總絜綱領,以補楊復之所未有可謂知所先務也!自凌廷堪撰禮經釋例,而後詳略隆衰儀禮之節文明。張惠言制儀禮圖而後陳設進退,儀禮之器數明。至胡培翬纂精儀禮謂:「鄭注而後買疏獨行或解經而違經旨或申注而失注意」參稽衆說,別造正義,自述所造其例有四曰「補注」補鄭玄注所未備也曰「申注」申鄭玄注義也曰「附注,」近儒所說雖異玄恉義可旁通附而存之,廣異聞佚專已也曰「訂注」鄭玄注義,偶有違失詳爲辨正別是非明折衷也雖乖唐賢「疏不破注」之例要之無所依違期于大通斯足以破經生拘墟之見而佹曲學專已之私焉!邵懿辰禮經通論不斷斷於訓詁名物;而考訂源流辨章經記卓乎禮學之鈐鍵矣!黃以周兼綜三種撰禮書通

故，列五十目，囊括大典，殫見洽聞，與秦蕙田五禮通考比隆；其校覈異義，或謂過之。蓋

蕙田通考按而不斷；而以周則博徵古說，而斷以己意者也！然通考之作，『卽援引以

成斷制；』蕙田固明言之矣！寧不能斷制哉！而或者以此損蕙田而揚以周，斯亦未為

知言也！孫詒讓專攻周禮，別造正義，大抵以爾雅說文正其詁訓，以禮經大小戴記證

其制度；而博采漢唐宋以來，迄於清儒諸家解詁，參互證繹以發鄭注之淵奧，裨賈疏

之遺闕。蓋鄭注極簡奧，而賈疏或隱略，又於杜子春鄭與鄭衆、後鄭三人異義，後鄭之所不

采者，但有糾駁略無申證。詒讓謂『唐疏例不破注固無足怪；然六朝義疏則不盡然。

鄭注精貫羣經固不容破然杜鄭三君之義，後鄭所讚辨者本互有是非。至乾嘉經儒考

釋此經間與鄭異，而於古訓古制宣究詳確，或勝注義。』博稽眾家，輒據匡糾凡所發

正後鄭數十百事而拘牽後鄭義者，往往又仇王肅詒讓壹無適莫郊社禘祫則從鄭；

廟制昏期則從王於鄭注不為曲從亦猶胡培翬儀禮正義訂注之例也。

疏明揭賈義不如胡培翬禮之或襲賈釋而沒不稱名其不攘善之用心，尤有培翬

所不逮者為獨是讓清禮學冠絕前古正義儀禮前有胡氏更疏周官別出詒讓更光

前人，有功禮學獨禮記則無之不惟三禮新疏，缺一不備。昔聞元和江聲民庭之歿詔

其子以告友人陽湖孫星衍淵如曰：『吾父死無他言疑周官儀禮之委曲繁重不可

行於今也』星衍則謄之曰「禮意之會通在禮記；而公門則脫齊衰大夫友食之則

『禮從宜使從俗』乎居喪衣裳麻，不食肉飲酒，而公門則脫齊衰大夫友食之，則

飲酒食肉惜不能以此告之矣」旨哉然則�禮學之樞要者禮記也。儻籀禮義必明

禮記惜無人更為之疏以有光於前人者！至皮錫瑞三禮通論大抵本邵懿辰之禮學

通論而博采眾說以為敷佐此今古論證沿革俾學者有從入之途而無多歧之患；

斯竊讀禮之指南治學之入門也惟是學者並稱三禮罕及大戴然考大戴所記夏小

正為夏時；書禹貢惟言地理，茲則言天象與堯典合公冠諸侯遷廟覺廟朝事等篇足

補儀禮十七篇之遺盛德明堂之制為考工記所未備投壺儀節較小戴為詳哀公問

字句較小戴為確然則大戴不可廢也。顧北周盧辨之注，既未精備，而更數千年，無續

業者章句混淆古字更舛迨清儒休寧戴震東原餘姚盧文弨抱經相繼校訂蹊逕漸

闢曲阜孔廣森攟約乃博稽羣書參會眾說為大戴禮記補注十三卷敘錄一卷然肌

改記文，有識或病！南城王聘珍貞吾重爲解詁，凡十三卷，敘錄一卷其校記文也，專守古本爲家法，所以懲孔廣森妄据他書徑改記文之失其爲解詁也義精語潔，確守漢法多所發明，無隱滯之義無虛造之文實有勝於孔廣森之補注者焉斯亦禮經之別子也！謹以殿於篇末篆三禮志第五。

春秋志第六

古之王者世有史官，君舉必書，左史記言，右史記事，事為春秋，言為尚書。而史之所記，必表年以首事，年有四時，故錯舉以為所記之名，題曰春秋也。周室既微，孔子明王道，壹為魯司寇，秉政諸侯害之，大夫壅之。孔子知言之不用，道之不行也，於是去魯，斥乎齊，逐乎宋衛，困於陳蔡之間，已而反魯。魯哀公十四年春，西狩於大野，叔孫氏車子鉏商獲獸，以為不祥。孔子曰『麟也！』麟者仁獸也，有王者則至，無王者則不至。有以告者曰『有麕而角者。』孔子曰『孰為來哉孰為來哉』反袂拭面，涕沾袍，顏淵死，子曰：『噫天喪予！』子路死，子曰『噫天祝予！』及西狩獲麟，孔子曰『吾道窮矣！弗乎弗乎！君子疾沒世而名不稱焉，吾道不行矣，吾何以自見於後世哉我欲載諸空言，不如見諸行事之深切著明也。』故西觀周室，論史記舊聞，得百二十國寶書。以魯周公之國，禮文備物，史官有法，故托於魯而次春秋，據行事，仍人道，因與以立功，敗以成罰，假日月以定曆數，藉朝聘以正禮樂，上記隱，下至哀之獲麟，十二公，據魯親周，故

宋，運之三代；約其文辭而指博，上明三王之道，下辨人事之紀，別嫌疑，明是非，定猶豫；善善惡惡賢賢賤不肖，存亡國繼絕世，補弊起廢，王道之大者也；其事則齊桓晉文其文則史。孔子曰：『其義則丘竊取之矣！後世知丘者以春秋，而罪丘者亦以春秋！』王道備人事浹！七十子之徒口受其傳指，為有所刺譏褒諱挹損大人當世君臣有威權勢力，不可以書見也。魯君子左丘明懼弟子人人異端，各安其意失其真，故論本事而作傳明。孔子不以空言說經也；或先經以始事，或後經以終義，或依經以辯理，或錯經以合異，具論其語成春秋左氏傳以授曾申，申傳魏人吳起，起傳其子期。期傳楚人鐸椒，為楚威王傅，為王不能盡觀春秋，采取成敗，卒四十章，為鐸氏微；又作鈔撮八卷授趙人虞卿。虞卿作虞氏微傳二篇，抄撮九卷授同郡荀卿；荀卿則左丘明之六傳弟子也。自是傳春秋者分為二義有記載之傳主於記事；春秋之左氏傳是也。有訓詁之傳主於釋經；公羊穀梁鄒夾之傳。鄒氏無師，夾氏有錄無書而公羊穀梁之傳皆自卜商卜商，字子夏少孔子四十四歲。孔子曰：『吾志在春秋行在孝經。春秋屬之商，孝經屬之參也。』齊人公羊高者嘗受春秋於商以傳其子平，而平傳子地傳子敢傳子

壽。至漢景帝時壽乃與齊人胡母子都著於竹帛，漢書藝文志著錄公羊傳十一卷者
是也。大指明於解經疏於徵事文十二年，秦伯使遂來聘傳云：『賢繆公也。』此誤以
康公爲繆公而襄二年傳云：『齊姜與繆姜則未知其爲宣夫人歟成夫人歟？昭二
十年曹伯盧卒於師傳云：『未知公子喜時從歟公子貚芻從歟？』則當事人且不知
矣！事之荒略何論焉蓋公羊傳之不傳事與左丘明之傳事不傳義者殊指也。至傳引
『子沈子曰』『子司馬子曰』『子女子曰』『子北宮子曰，』又有『高子曰』
『魯子曰』蓋皆春秋傳經之師而壽及胡母子都博采其義以爲墥益是傳義亦不
盡出公羊子也。穀梁傳者始於魯人穀梁赤亦云自子夏與公羊傳同惟公羊高親受
指子夏，而穀梁赤秦孝公同時人乃後代傳聞；以授荀卿荀卿亦傳左氏而授穀梁傳
於齊人浮邱伯以傳魯申公亦係口說未知誰著竹帛而題穀梁傳者蓋著師傳之始
穀梁漢書藝文志著錄穀梁傳十一卷者是也其傳指在解經與公羊傳之每往
復詰難以盡其義亦與公羊同。然傳義則有與公羊同者，亦有與公羊異者而與公羊
異者或並存其義或直斥其非莊二年公子慶父帥師伐於餘丘公羊云：『『郳婁之

邑」『葛為不繫乎邾婁？』『國之也。』『葛為國之？』『君存焉爾。』」而穀梁則云「公子貴矣！師重矣！而敵人之邑公子病矣其一日：『葛為國之』『君在而重之也。』」「其一日：『葛為國之』『君存焉爾』」之義也。文十二年子叔姬卒公羊云「『此未適人，何以卒？』『許嫁矣。』『許嫁以卒之也。』」而穀梁則云「『子叔姬』貴也公之母姊妹也其一傳曰：『許嫁以卒之也。』」「『君在而重』」之說，即兼存公羊此並存其義者也。宣十五年，初稅畝冬蠓生穀梁云：『蠓非災也其曰『蠓』非稅畝之災也。』公羊以為宣公稅畝，應是而有天災，穀梁以為不然故曰『非災也』此直斥其非者也此穀梁義之與公羊異者也與公羊同者隱公不書即位公羊云『成公意』穀梁云『成公志』鄭伯克段于鄢皆云『殺之。』如此者不可枚舉矣蓋穀梁晚出因得監省公羊之違畔，而或取或不取或兼存之與公羊傳義有同有不同也公羊穀梁皆解正春秋，春秋所無者公穀未嘗言之而左氏敍事見本末則有春秋所無而左氏為之傳焉；有春秋所有而左氏不為傳者焉故漢博士謂『左氏不傳春秋，』而推本公穀以為

真孔子之意也。然秦火之後，漢初惟左氏傳最先出。孝惠之世，北平侯張蒼獻春秋左氏傳。蓋受學於荀卿者也。然則漢之獻書，張蒼最先，而漢之得書首春秋以先著竹帛多古字古言謂之古學。而公羊漢時乃興傳以今文謂之今學。胡母生子都以治公羊春秋爲景帝博士；與廣川董仲舒同業仲舒著書稱其德年老歸致於齊齊言春秋者宗事之！菑川公孫弘年四十餘，乃學春秋雜說，亦頗受胡母生之說焉。而董仲舒少治春秋，與胡母生俱爲博士下帷講誦弟子傳以久次相授業，或莫見其面；蓋三年不窺園其精如此！進退容止非禮不行學士皆師尊之！武帝卽位舉賢良文學之士，前後百數。而仲舒以賢良對策大致案春秋之文求王道之端以觀天人相與之際，而得之於正謂「正次王。王次春秋者天之所爲也正者王之所爲也其意曰：『上承天之所爲而下以正其所爲，正王道之端云爾。』謹案春秋謂一元之意。一者萬物之所從始也；元者辭之所謂大也；謂一爲元者視大始而欲正本也。春秋深探其本而反自貴者始。故爲人君者正心以正朝廷，正朝廷以正百官，正百官以正萬民正萬民以正四方，四方正遠近莫敢不壹於正。孔子作春秋，先正王而繫萬事見素王之文焉；上

經學通志

一七四

揆諸天道下質諸人情，參之於古，考之於今，故春秋之所譏，災害之所加也；春秋之所惡，怪異之所施也。書邦家之過兼災異之變以此見人之所為，其美惡之極乃與天地流通而往來相應，此亦言天之一端也。春秋大一統者，天地之常經，古今之通義也。今師異道，人異論，百家殊方，指意不同，是以上亡以持一統法制數變下不知所守。諸不在六藝之科孔子之術者，皆絕其道勿使並進，邪辟之說滅息然後統紀可一而法度可明。」自漢治雜黃老刑名，而武帝更推明孔氏抑黜百家，立學校之官其議胥自仲舒發之。公孫弘治春秋不如仲舒；而弘希世用事位至丞相封平津侯仲舒以弘為從諛；而官不過二千石相江都膠西兩國輒事驕王正身以率下數上疏諫爭致令國中，使者及廷尉張湯就其家而問之其對皆以公羊家法；而有公羊董仲舒治獄十六篇所居而治及去位歸居終不問家產業以修學著書為事仲舒在家朝廷如有大議使著漢書藝文志；春秋決事十卷見隋書經籍志此仲舒以公羊斷獄也仲舒尤喜以公羊明陰陽災異所著皆明經術之意及上疏條教凡百二十三篇而說春秋事得失聞舉玉杯蕃露清明竹林之屬復數十篇十餘萬言後世結集其篇曰春秋繁露繁一作

蕃，解之者曰『繁露，冕之所垂，有聯貫之象，春秋此事屬辭立名或取諸此也。』其書

十七卷發揮春秋之旨多主公羊而後世公羊家所稱『存三統』『張三世』『異

外內』三科九旨一切非常異義可怪之論罔不導自春秋繁露何謂存三統曰『春

秋應天作新王之事時正黑統王魯尚黑絀夏新周故宋以春秋當新王。『春秋當新

王者奈何？』曰『王者之法必正號絀王謂之帝封其後以小國使奉祀之下存二王

之後以大國使服其服行其禮樂稱客而朝故同時稱帝者五稱王者三所以昭五端

通三統也。是故周人之王尚推神農為九皇而改號軒轅謂之黃帝因存帝顓帝嚳

帝堯之帝號絀虞而號舜曰帝舜錄五帝以小國下存禹之後於杞存湯之後於宋以

方百里爵號公皆使服其服行其禮樂稱先王客而朝春秋作新王之事變周之制當

正黑統而殷周為王者之後：絀夏改號禹謂之帝禹錄其後以小國。』故曰『絀夏存

周以春秋當新王』」此著於三代改制質文篇者也何謂張三世？曰『春秋分十二

世以為三等有見有聞有傳聞有見三世有聞四世有傳聞五世故哀定昭君子之所

見也襄成文宣君子之所聞。僖閔莊桓隱君子之所傳聞也所見六十一年所聞八十

五年。所傳聞九十六年。」此著於楚莊王篇者也。何謂異外內曰:『內其國而外諸夏，內諸夏而外夷狄。」此著於王道篇者也。雖無三科九旨之目而後之言三科九旨者本焉。弟子淺者;蘭陵褚大東平嬴公廣川段仲溫呂步舒大;至梁相步舒丞相長史。惟嬴公守學不失師法爲昭帝諫大夫授東海孟卿魯眭孟名弘以字行少時好俠惟雞走馬長乃變節從嬴公受春秋以明經爲議郎至符節令孝昭元鳳三年正月泰山有大石自起立昌邑有枯社木臥復生。上林有柳樹枯僵自起生有蟲食柳葉成文字，曰『公孫病已立』孟推春秋之意以爲『石柳皆陰類下民之象泰山者岱宗之嶽，王者易姓告代之處。今大石自立僵柳復起非人力所爲此當有從匹夫爲天子者枯社木復生故廢之家公孫氏當復興者也」孟意亦不知其所在，即說曰「先師董仲舒有言『雖有繼體守文之君不害聖人之受命』漢家堯後有傳國之運。漢帝宜誰差天下求索賢人禪以帝位而退自封百里如殷周二王後以承順天命。」書上廷尉奏孟『祅言惑眾』伏誅後五年皇曾孫病已興於民間即位爲孝宣帝其言迺驗徵孟子爲郎孟弟子百餘人惟東海嚴彭祖魯顏安樂爲明質問疑誼各持所見。孟曰「

春秋之意在二子矣！』孟死，彭祖安樂各顓門教授由是公羊春秋有顏嚴之學。彭祖，

字公子爲宣帝博士至太子太傅著有春秋公羊傳十二卷見隋書經籍志然廉直不

事權貴或說曰『君亡左右貴人之助經誼雖高不至宰相願少自抑』彭祖曰『凡

通經術固當修行先王之道何可委曲從俗苟求富貴乎？』竟以太傅官終授琅邪王

中爲元帝少府家世傳業中授同郡公孫文東門雲雲爲荊州刺史。文東平太傅有公羊

尤盛顏安樂字公孫本眭孟姊子與嚴彭祖並推孟高第弟子家貧爲學精力有公羊

顏氏記十一篇見漢書藝文志官至齊郡太守丞授淮陽冷豐次君淄川任公公爲少

府豐淄川太守由是顏家有冷任之學始琅邪貢禹少翁事嬴公成於眭孟至御史大

夫。蘭陵疏廣仲翁至太子太傅而廣授琅邪筦路路爲御史中丞禹授潁川堂

谿惠授泰山冥都都爲丞相史都與路又事顏安樂故顏氏復有筦冥之學。路授潁

川孫寶子嚴爲大司農。豐授東海馬宮琅邪左咸宮至太師大司徒而咸爲郡守

九卿徒衆尤盛推而公羊春秋之盛自董仲舒武帝時瑕丘江公之言穀梁春秋與董

仲舒並。仲舒通五經能持論善屬文而江公之先受穀梁春秋及詩於魯申公傳子至

孫爲博士，然吶於口，上使與仲舒議，不如仲舒。而丞相公孫弘本爲公羊學，比輯其議；於是上因尊公羊家，詔太子受公羊春秋，由是公羊大興！太子既通，復私問穀梁而善之。其後寢微！惟魯榮廣王孫晧星公二人受焉。廣盡能傳其詩春秋高才捷敏，與公羊大師眭孟等論數困之，故好學者頗復受穀梁，沛蔡千秋少君梁周慶幼君丁姓子孫，皆從廣受千秋又事晧星公爲學最篤。宣帝即位，聞衛太子好穀梁，以問丞相韋賢長信少府夏侯勝及侍中樂陵侯史高，皆魯人也，言：『穀梁子本魯學，公羊氏乃齊學也宜與穀梁。』時千秋爲郎，召見，上善穀梁說，擢千秋爲諫大夫，給事中，後有過左遷平陵令；復求能爲穀梁者莫及千秋！上愍其學且絕，迺以千秋爲郎中戶將選郎十人從受。汝南尹更始翁君本自事千秋能說矣！會千秋病死徵江公孫爲博士。劉向以故諫大夫通達待詔受穀梁，欲令助之。江博士復死，迺徵周慶丁姓待詔保宮使卒授十人，自元康中始講至甘露元年，積十餘歲皆明習迺召五經名儒太子太傅蕭望之等大議殿中，平公羊穀梁同異，各以經處是非時公羊博士嚴彭祖侍郎申輓伊推宋顯穀梁議郎尹更始待詔劉向周慶丁姓並論公羊家多不見從顧請

內侍郎許廣使者亦並內穀梁家中郎王亥各五人，議三十餘事望之等十一人各以

經誼對多從穀梁由是穀梁之學大盛！慶姓皆為博士姓至中山太傅授楚中章昌曼

君為博士至長沙太傅徒衆尤盛尹更始為諫大夫長樂戶將撰春秋穀梁傳十五卷，

見隋書經籍志又受左氏傳取其變理合者以為章句傳子咸及汝南翟方進琅邪房

鳳。鳳字子元哀帝時累擢光祿大夫五官中郎將時光祿勳王龔以外屬內卿與奉車

都尉劉歆共校書三人皆侍中歆白左氏春秋可立哀帝納之以問諸儒皆謂『左氏

為不傳春秋』不肯對歆於是數見丞相孔光為言左氏以求助光卒不肯惟鳳龔許

歆：遂共移書責讓太常博士大司空師丹奏歆非毀先帝所立三人皆出外補吏而鳳

補九江太守至青州牧始胡常事江博士江博士死迺與鳳俱事尹更始授梁蕭秉君

房王莽時為講學大夫由是穀梁春秋有尹胡中章房氏之學翟方進雖受穀梁於尹

更始然好左氏傳其左氏則劉歆師也。左氏之學自北平侯張蒼蒼於秦時為御史歷

秦至漢文帝時為丞相傳洛陽賈誼誼為左氏傳訓故授人貫公為河間獻王博士

子長卿為蕩陰令授清河張禹長子。禹與蕭望之同時為御史數為望之言左氏望之

善之，上書數以稱說後望之爲太子太傅，薦禹於宣帝，徵待詔，未及問，會疾死，授尹更

始更始傳子咸及翟方進胡常常授黎陽賈護季君。哀帝時待詔爲郎，授蒼梧陳欽子

佚，以左氏授王莽至將軍。而劉歆從尹咸及翟方進受。始歆嗣其父向領校中五經祕書，

見古文春秋左氏傳大好之。時丞相翟方進而尹咸爲丞相史，以能治左氏與歆校經

傳，歆略從咸及翟方進受質問大義。初左氏傳多古字古言，學者傳訓故而已！及歆治

左氏，以爲：『左丘明好惡與聖人同，親見夫子；而公羊穀梁在七十子後，傳聞之與親

見之，其詳略不同。』引傳文以解經，轉相發明，由是章句義理備焉！歆父子俱好古博

見彊志呻吟，左氏下至婢僕皆能諷誦，由是言春秋左氏傳者本之劉歆。初春秋惟有

公羊博士而已。至孝宣世，復立穀梁博士哀帝時歆既以欲建立左氏春秋黜外會哀

帝崩，王莽持政，而歆親近用事卒立左氏自荀卿至尹更始父子胡常翟方進輩，

皆以名家而亦兼治穀梁非公羊齊學絕不相通者比也！既世祖中興立五經博士；春

秋嚴顏而已皆公羊家也。而穀梁左氏不與。終東漢之世而治穀梁有聞者僅河南侯

霸君房扶風賈逵景伯而已！霸於前漢哀帝時事九江太守房鳳治穀梁爲都講逵名

輩差晚，然於五家，穀梁爲兼通，而實受其父徽左氏春秋爲古學者也。左氏雖終不得

立學官，然與公羊代興。公羊嚴並立嚴氏爲盛而治顏氏有聞者，終東漢之世，僅河

內張玄君夏豫章唐檀子產而已！然玄兼通數家，特以顏氏爲宗。世祖時舉明經補弘

農文學遷陳倉縣丞，清淨無欲，專心經書；方其講問，乃不食終日及有難者，輒爲張數

家之說令擇從所安諸儒皆伏其多通！除爲郞會顏氏博士缺。玄試策第一拜

爲博士居數月，諸生上言：『玄兼說嚴氏不宜專爲顏氏博士』乃罷則兼說嚴氏者

也。嚴氏學知名者，則有長沙太守汝南郇君章瑯邪太守河內李章第公少府山陽

丁恭子然太常北海周澤稚都，太常陳留樓望次子，侍中瑯邪承宮少子，長水尉南

陽樊儵長魚，左中郞將汝南鍾興次文太子少傅北海甄字長文海西令豫章陳曾秀

文侍中蜀郡張霸伯饒，霸子長陵令楷公超潁川太守會稽顧奉其間丁恭最爲老師。

諸生自遠方至者著錄數千人太常樓望侍中承宮左中郞將鍾興長水校尉樊儵皆

受業於恭。而儵删定公羊嚴氏章句世號樊侯學教授門徒前後三千餘人。其尤知名

者張霸以儵删猶多繁辭迺減定爲二十萬言更名張氏學。諸生孫林段著劉固等慕

之各市宅所居之旁以就學焉此治嚴氏春秋者也。有治公羊春秋而不名嚴顏何家者則侍中扶風李育元春博士羊弼遼東屬國都尉北海公沙穆文文諫議大夫任城何休邵公而何休最著。休爲人質朴訥口而雅有心思從羊弼學賈思不闚門十有七年撰成春秋公羊解詁十一卷題曰『何休學』有不解者或答曰『休謙辭受學於師乃宣此義不出於己也』大指以爲『傳春秋者非一本據亂而作其中多非常異義可怪之論而貫以五始三科九旨七等六輔二類之義』五始者元年春王正月公即位也。即位也即位者一國之始政莫大於正始。故春秋以元之氣正天之端正王之政以王之政正諸侯之即位以諸侯之即位正竟內之治諸侯不上奉王之政則不得即位故先言正月而後言即位政不由王出則不得爲政故先言王而後言正月也。王者不承天以制號令則無法故先言春而後言王天不深正其元則不能成其化故先言元而後言春。五者同日並見相須成體乃天人之大本萬物之所繫不可不察也。三科九旨者新周故宋以春秋當新王此一科三旨也所見異辭所聞異辭所傳聞異辭二科六旨也內其國外諸侯內諸侯而外夷狄是三科九旨也七等者州國氏人名

字子州不若國故言荊不如言楚。

潞氏甲氏不如言楚人人不若名故言楚人不如言潞氏甲氏不若人,故言

如言邾婁儀父字不若子故言邾婁儀父,不如言楚子吳子春秋設此七等以進退當

時之諸侯。諸侯用夷禮則夷之;進於中國則中國之也。六輔者公輔天子卿輔公大夫

輔卿,士輔大夫京師輔君諸夏輔京師也。二類者人事與災異也此之謂五始三科九

旨七等六輔二類。而三科九旨之於七等表裏為用義最閎大故曰『於所傳聞之世,

見治起於衰亂之中用心尚麤觕故內其國而外諸夏先詳內而後治外於所聞之世,

見治升平,內諸夏而外夷狄。至所見之世,著治太平;夷狄進至於爵,天下遠近小大若

一』蓋攘夷狄者所聞世之治也若所見世著治太平哀四年『晉侯執戎曼子赤歸

于楚』十三年『公會晉侯及吳子於黃池』夷狄進至于爵與諸夏同無外內之異

矣!外內無異則不必攘遠近小大若一且不忍攘春秋心同天地以天下為一家中國

為一人必無因其種族不同而有歧視之意而升平世不能不外夷狄者其時世治尚

未進於太平,夷狄亦未進於中國引而內之恐為諸夏患故夫子稱齊桓管仲之功,有

披髮左衽之懼以其救中國攘夷狄，而特筆褒予之；爲夷狄之未進於中國也雖然，特

爲升平之世言之耳！匪太平之治也言豈一端而已。夫各有所當也。撥亂之世，內其國

而外諸夏，諸夏非可攘者，而亦必異外內，斯則隘狹之國家主義而言治之始衛匪春

秋之隆治矣！故董仲舒明言『自近者始』『王化自近及遠』由其國而諸夏，而夷

狄以漸進于天下，遠近小大若一其義即本諸董仲舒也寧惟三科九旨而已！董仲舒

春秋繁露重政篇云『春秋變一謂之元。』何休之說隱元年以爲繁露玉杯篇云『

以元之深正天之端以天之端正王者之政。』何休之明五始以爲。繁露二端篇云『

『先質後文』之語。而何休遂謂『春秋變周之文從殷之質』如此之類難以僂數，是

則休之解詁胥出董仲舒之指矣！休又以春秋駮漢事六百餘條成春秋漢議十三卷，

妙得公羊本意。初李育習公羊春秋頗涉獵古學嘗讀左氏傳雖樂文采然謂不得聖

人深意以爲前世陳元范升之徒更相非折，而多引圖讖不據理體於是作難左氏義

四十一事。至是休與其師博士羊弼追述李育意以難二傳作春秋公羊墨守十四卷，

春秋左氏膏肓十卷春秋穀梁廢疾三卷然休之解詁公羊亦有用左氏穀梁傳者儻

休膏肓左氏廢疾穀梁；而義之所長，亦有不能不兼採並存者乎考漢今古文家相攻

擊始于左氏公羊而今古文家相攻若仇，亦惟左氏公羊爲甚！施孟梁邱京易之於費

氏易歐陽大小夏侯尚書之於古文尚書齊魯韓詩之於毛詩雖不並立然未如公羊

家之抨難左氏也。東漢之初，左氏雖不立博士，然爲當世貴重執金吾封雍奴侯上谷

寇恂子翼，征西太將軍封陽夏侯潁川馮異公孫，皆以名將學左氏春秋，然未名家！扶

風孔奮君魚少從劉歆受春秋左氏傳歆稱之，謂門人曰：『吾已從君魚受道矣！』世

祖卽位拜爲武都太守。奮以弟奇經明當仕上病去官。奇博通經典，作春秋左氏刪而

奮晚有子嘉官至城門校尉，作左氏說。然父子兄弟以爲家學而未大顯於世！河南鄭

興少戀少學公羊春秋而好古學於王莽時將門人從劉歆講正左氏大義。歆美興才，

使撰條例章句訓詁而傳業子衆字仲師作春秋難記條例春秋删世言左氏者多祖

父子；而賈逵自傳其父徽之業，由是左氏有鄭賈之學賈徽亦從劉歆受左氏春秋，

作左氏條例二十一篇。而蒼梧陳欽習左氏春秋事黎陽賈護與劉歆同時而別自名

家，子元字長孫少傳父業爲之訓詁，銳精覃思至不與鄉里通世祖時與鄭興俱爲學

者宗！時尚書令韓歆上疏欲爲左氏立博士博士范升謂『左氏學無有本師而多違

異』與歆爭具奏左氏之失凡十四事時難者以太史公多引左氏升又上太史公違

戾五經謬孔子言；及左氏春秋不可錄三十一事。元聞之詣闕上疏曰：「左氏孤學少

與遂爲異家之所覆冒臣元竊見博士范升等所議奏左氏春秋不可立及太史公違

戾凡四十五事案升等所言前後相違皆斷截小文媟黷微辭以年數小差掇爲巨謬

遺脫識微指爲大尤指瑕擿釁掩其弘美所謂『小辨破言小言破道』者也！臣元愚

鄙嘗傳師言如得以褐衣召見俯伏庭下誦孔子之正道理丘明之宿冤若辭不合經，

事不稽古退就重誅雖死之日生之年也！」書奏下其議。范升復與元相辨難凡十餘

上卒未得其要領冀曰李育所謂『陳元范升更相非折而多引讖不據理體』者

也！然而帝卒立左氏學太常選博士四人元爲第一帝以元新忿爭乃用其次司隸從

事魏郡李封於是諸儒以左氏之立論議讙譁自公卿以下數廷爭之會封病卒世祖

重違衆議而因不復補！然世儒言左氏者不絕特爲人主所重扶風賈逵悉傳父業弱

冠能誦左氏傳及五經本文尤明左氏傳國語爲之解詁五十一篇；永平中上疏獻之。

顯宗重其書寫藏祕館。蕭宗立，降意儒術，特好古文尚書左氏傳詔遷入講北宮白虎

觀，南宮雲臺帝善遷說，使出左氏傳大義長於二傳者遷於是具條撰成春秋左氏長

義二十卷奏之曰：『臣謹摘出左氏三十事尤著明者斯皆君臣之正義父子之紀綱；

其餘同公羊者十有七八，或文簡小異無害大體。至如祭仲紀季伍子胥叔術之屬左

氏義深於君父公羊多任於權變其相殊絕固已甚遠而冤抑積久莫肯分明臣以永

平中上言左氏與圖讖合者先帝不遺芻蕘省納臣言寫其傳詁藏之祕書建平中侍

中劉歆欲立左氏不先暴論大義而輕移太常恃其義長詆挫諸儒諸儒內懷不服相

與排之；從是攻擊左氏遂為重讎至光武皇帝奮獨見之明，與立左氏穀梁會二家先

師不曉圖讖，故令中道而廢凡所以存先王之道者要在安上理民也。今左氏崇君父，

卑臣子彊幹弱枝勸善戒惡至明至切且三代異物損益隨時故先帝博觀

異家各有所採易有施孟復立梁丘。尚書歐陽復有大小夏侯今三傳之異亦猶是也。

又五經家皆無以證圖讖明劉氏為堯後者而左氏獨有明文五經家皆言顓頊代黃

帝，而堯不得為火德；左氏以為少昊代黃帝，即圖讖所謂帝宣也。如令堯不得為火則

漢不得爲赤其所發明，補益實多！』書奏帝嘉之，賜布五百疋衣一襲令逵自選公羊

嚴顏諸生高才者二十人致以左氏與簡紙經傳各一通然逵之所爲稱引左氏義長

者特迂怪可笑附托圖讖獻媚世主以行其學耳論者以爲匪其本也然左氏由是行

於世！八年，乃詔諸諸儒各選高才受左氏穀梁春秋；皆拜逵所選弟子及門生爲千乘王

國郎，朝夕受業黃門署學者皆欣欣羨慕焉！扶風馬融季長嘗欲訓左氏春秋，旣見逵

及鄭衆所注乃曰：『賈君精而不博鄭君博而不精，旣精旣博，吾何加焉！』但著三傳

異同說。北海鄭玄康成始事京兆第五元先，通公羊春秋；旣因涿郡盧植子幹事馬融，

遂明左氏乃發公羊墨守鍼左氏膏肓起穀梁廢疾以致難於何休又以休有春秋漢

議作書二卷駁之隋書經籍志所著駁何氏漢議者是也休見歎曰：『康成入吾室操

吾矛以伐我乎！』初中興之後范升陳元李育賈逵之徒爭論古今學及玄答何休義

據通深由是古學遂明；公羊微而左氏興玄作左氏傳注未成，以與河南服虔子愼作

春秋左氏傳解誼三十一卷，亦以左傳駁何休之所駁漢事六十條，成春秋漢議駁二

卷又以何休重難左氏撰春秋左氏膏肓釋痾十卷春秋成長說九卷春秋塞難三卷，

斯亦鍼起何疾申明左指者也。然左傳猶未置博士會靈帝立太學石經盧植乃上書

請置博士爲立學官謂『與春秋共相表裏』也。陳國潁容子嚴者博學多通善春秋

左氏師事太尉楊賜於獻帝初避亂荊州聚徒千餘人劉表以爲武陵太守不肯起著

春秋左氏條例五萬餘言而同時南陽謝該文儀亦以明春秋左氏爲世名儒門徒數

百千人河東樂詳條左氏疑滯七十二事以問該皆爲通解之名爲謝氏釋行於世斯

則東京左學之後勁也已！漢祚既衰鼎分三國。言春秋者魏有司徒東海王朗景興撰

春秋左氏傳十二卷。而朗子太常肅字子雍能傳父學撰春秋左氏傳三十卷春秋外

傳章句一卷注二十二卷。大司農弘農董遇季直撰春秋左氏傳章句三十句二十卷。樂平太

守糜信撰春秋說要十卷春秋穀梁傳注十二卷理何氏漢議二卷中散大夫譙

康撰春秋左氏傳音三卷大長秋韓益撰春秋三傳論十卷而高貴鄉公以帝子窮經

撰春秋左氏傳音三卷斯稱儒林之盛事焉蜀亡傳春秋者吳則有騎都尉會稽虞翻

仲翔撰春秋外傳國語注二十一卷尚書僕射丹陽唐固子正撰春秋穀梁傳注十三

卷春秋外傳國語注二十一卷中書侍郎雲陽韋昭宏嗣撰春秋外傳國語注二十一

卷春秋外傳國語者，傳云自左丘明；既爲春秋傳，又稽其逸文纂其別號，分周魯齊晉鄭楚吳越八國事，起自周穆王，終於魯悼公，別爲國語二十一篇；亦曰外傳者，春秋以魯爲內以諸國爲外外國所傳之事也其文以方內傳或重出而小異自鄭衆爲之解詁，而漢魏儒者並申以注釋治其章句此亦六經之流三傳之亞也！然鄭衆解詁以下，諸家並亡獨韋昭之注存自序稱兼采鄭衆賈逵虞唐固。今考所引鄭說虞說寥寥數條惟賈唐二家援據駁正爲多凡所發正六十七事。而三國之言公羊者僅見魏河南尹承高唐劉寔子眞之撰春秋條例十一卷，春秋公羊達義三卷焉。晉武帝既禪魏祚遂幷吳國蓋鎮南大將軍京兆杜預元凱之謀爲多。預博學多通立功之後從容無事乃耽思經籍爲春秋左氏經傳集解，分經之年與傳之年相附比其義類，特舉劉歆賈徽父子許淑穎容之違以見同異，大指以爲「古今言左氏春秋者多矣獨劉子駿創通大義。賈景伯父子許淑卿，皆先儒之美者也末有穎子嚴者雖淺近亦復名家。其它可見者十數家，大體轉相祖述；於丘明之傳有所不通皆沒而不說，而更膚引公羊穀梁適足自亂！預今所以爲異專修丘明之傳以釋經經之條貫必出於傳傳之義例，

總歸諸凡其發凡以言例者五十其別四十有九；皆經國之常制周公之垂法史書之舊章仲尼從而修之以成一經之通體其微顯闡幽裁成義類者皆據舊例而發義指行事以正褒貶諸稱『書』『不書』『先書』『故書』『不言』『書日』之類皆所以起新舊發大義謂之變例然亦有史所不書即以爲義者此蓋春秋新意故傳不言凡曲而暢之也其經無義例因行事而言則傳直言其歸趣而已，非例也故發傳之體有三而爲例之情有五：一曰『微而顯』文見於此而起義在彼稱族尊君命舍族尊夫人梁亡城緣陵之類是也二曰『志而晦』約言示制推以知例參會不地與謀曰及之類是也三曰『婉而成章』曲從義訓以示大順諸諱辟璧假許田之類，是也四曰『盡而不汙』直書其事具文見意丹楹刻桷天王求車齊侯獻捷之類是也五曰『懲惡而勸善』求名而亡欲蓋而章書齊豹盜三叛人名之類是也。推五體以尋經旨簡二傳而去異端蓋丘明之志也。」又別集諸例及地名譜第曆數相與爲部凡四十部十五卷皆顯其異同從而釋之名曰釋例。又作盟會圖春秋長曆，備成一家之學比老乃成自云『有左傳癖。」然當時論者謂預文義質直未之重！

獨祕書監長安摯虞仲洽賞之曰『左丘明本爲春秋作傳;而左傳遂自孤行!釋例本

爲傳設而所發明何但左傳!蓋左氏初行,學者不得其例,故傳會公羊以就其說;亦

猶佛典初興學者多以老莊皮傅。而預生諸儒後,始專以左氏凡例爲揭櫫不復雜引

二傳此其所以來『左氏忠臣』之稱也!然後賢短預,或頗未同究厥所以爲三事:

蓋鄭注周禮先引杜鄭韋注國語明徵買唐言必稱先不敢掠美預乃空舉劉賈許穎

而集解中不著其名溷昔賢于已說未能揆度遠近輒以影附今地其說三也且又

魚鳥獸草木之名又言地理好爲肛說迹近乾沒其失一也預解不舉所出劉與許穎之

說盡亡買服二家尚存厓略。預舉四家而不及服其失二也長於星曆地理而各於蟲

棄經信傳曲爲之說或直謂是經誤。預自云『有左傳癖』若此之類得不謂之癖歟!

預之集解與服虔並立國學然預書盛行,而服義寖微土黨咸孝宗師事預專春秋

左氏又有東平劉兆延世者與預同時而治春秋不主墨守以春秋一經而三家殊塗,

乃思三家之異合而通之周禮有調人之官作春秋調人七萬餘言皆論其首尾使大

義無乖時有不合者舉其長義以通之又爲春秋左氏解名曰全綜公羊穀梁解詁皆

納經傳中，朱書以別。而同時濟北氾毓稚春之撰春秋釋疑，亦合三傳為之解注二人

書皆不傳，倘預之所謂『膚引公穀適足自亂』者乎？既晉道中替元帝踐阼江左詔

春秋左氏傳杜氏服氏博士各一人其公羊穀梁省不置。太常荀崧以為不可，乃上疏

曰：『丘明書善禮，多膏腴美辭，張本繼末以發明經意信多奇偉然公羊高親受子夏，或

辭義清儁斷決明審董仲舒之所善也！穀梁赤師徒相傳其書文清義約，諸所發明或

是左氏公羊所不載，亦足有所訂正三傳雖同曰春秋，而發端異趣。此則義則戰爭之

場，辭亦劍戟之鋒，於理不可得共博士宜各置一人』詔曰『穀梁膚淺不足置博士！

它如奏。』會有兵事，而公羊亦不卒立然終束晉之世言公羊者僅車騎將軍鄡陵庾

翼稚恭問王愆期答之春秋公羊論二卷，著隋書經籍志而已！殆絕學矣言穀梁者則

有廣陵太守魯國孔衍舒元之春秋穀梁傳十四卷，豫章太守范武子之春秋穀梁

傳集解十二卷春秋穀梁傳例一卷，驍騎將軍姑幕徐邈之春秋穀梁傳十二卷春秋

穀梁傳義十卷答春秋穀梁義三卷具著隋書經籍志罕有見者獨范寧之集解獲傳

於後焉考寧之穀梁，本出家學其父散騎常侍汪字玄平者嘗牽門生故吏兄弟子姪，

研講六籍，次及三傳。左氏則有服杜之注，公羊則有何嚴之訓，而釋穀梁傳者雖近十家皆膚淺末學不經師匠辭理典據既無可觀；又引左氏公羊以解此傳文義違反斯害也！於是商略名例，敷陳疑滯博示諸儒同異之說。至寧撰次諸子各記姓名，故曰集解。惟漢書藝文志載「公羊穀梁二家經十一卷，穀梁傳十一卷」則經傳初亦別編；而寧集解乃分傳附經併注之疑卽寧之所合中「公觀魚於棠」「葬桓王」「杞伯來逆叔姬之喪」「曹伯盧卒於師」「天王殺其弟佞夫」五事皆冠以「傳曰」；惟「葬桓王」一事與左傳合，餘皆不知所引何傳寧分傳附經之時皆冠以「傳曰」如鄭玄王弼之易有「象曰」「象曰」之例傳義未安多稱「未詳」經指不通直云「不達」；不望文而曲說不墨守以護傳多聞闕疑蓋愼之也晉書本傳稱「其義精審爲世所重。既而徐邈復爲之注世亦稱之。」是邈注在集解之後今集解中乃多引邈注，未詳其故所著春秋穀梁傳例一卷今佚然集解中時有「傳例曰」或學者以便研討而割裂其文散附集解歟？何休解詁專主公羊杜預集解壹宗左氏。雖義有拘閡必曲爲解說蓋家法然也獨范寧兼采三傳不主穀梁開唐啖趙陸

之先，異漢儒專家之學蓋經學至此一變雖讖十家穀梁之引左氏公羊違反義而指在擇善，多引杜預，此則述左家之義說穀梁之傳已以讖人而未自反者焉！杜預之玄孫曰坦，坦弟驥，於宋朝並爲青州刺史傳其家業故齊地多習左傳杜解北朝自魏末河北大儒徐遵明子判門下講服解平原張買奴河間馬敬德邢峙樂城張思伯渤海劉晝鮑季詳鮑長暄並得服氏之精。又有衞凱陳達潘叔虔雖不出徐氏之門，亦爲通解又有姚文安秦道靜初亦學服氏後更兼講杜預所注其江左儒生俱服膺杜氏。

大抵南北所爲章句好尚互有不同。河東崔靈恩徧習三傳，撰有左氏經傳義及條例，公羊穀梁文句義凡一百三十卷而左傳先習服解；仕魏爲太常博士以天監十三年歸梁；而服解不爲江東所行，乃改說杜義每文句常申服以難杜遂著左氏條義以明之時會稽虞僧誕爲國子助教最精杜學因作申杜難服以答靈恩世並傳爲杜解既行，而爲義疏者則有梁國子博士武康沈文阿國衡隋太學博士景城劉炫光伯暨蘇寬之屬然沈氏長于義理例，疏于經傳蘇氏則全不體本文惟旁攻買服劉炫聰惠辨博，固爲罕儔然意在矜伐，性好非毀規杜氏之失凡一百七十餘事習杜義而攻杜氏，

或者比之蠧生于木而還食其木非其理也然視二家差有可觀所爲規杜有騁臆失
據者亦有愜心饜理者旣唐太宗御世國子祭酒孔穎達奉詔撰春秋左傳正義壹宗
杜解而疏則損益劉炫而以沈文阿補其闕漏惟杜解旣嫌强經就傳而孔疏亦過申
杜抑劉於劉之致規於杜者壹切以爲非是斯又篤信專門之過而與共參定者則有
四門博士楊士勛焉士勛兼明穀梁又爲范寧春秋穀梁傳集解作疏其書不及穎達
中所引有稱『范氏略例』者有稱『范例』者有稱『范氏別例』者凡二十餘條
皆在集解所附之外其云別例者蓋范氏注中已有例而此別出故也中如桓元年疏
引范氏例云：『春秋上下無王者凡一百有八。……』莊二十二年夏五月乙酉吉禘於莊公疏引范
例云：『災十有二內則書日外則書時。……』圖二年夏五月乙酉吉禘於莊公疏引
范略例云：『祭祀例有九皆書月以示譏』……如此之類皆臚次其事以見義類而
已蓋春秋無達例但屬辭比事臚列書法之同異有可以心知其義者則爲之說其不

杜疏之賅洽然諸儒言左傳者多言公穀者少旣乏憑藉之資而孔疏成于眾手此則
出于一人復鮮佐助之力詳略殊觀固其宜也！惟范寧例全書已佚散附集解而疏

可知者，則闕之而不爲曲說，斯可以推見范例之矜愼焉！士勛疏述之功，不可沒也。公
羊傳自何休解詁以後罕有爲之疏者；世傳徐彥，不知何代？其疏葬桓王條一全襲用
楊士勛穀梁傳疏，知在士勛之後而疏文自設問答，文繁語複，或者故襲公羊之文體
耶？惟左傳附經，始於杜預。穀梁附經，疑自范寧。而公羊傳附經，則不知始自何人？
休解詁但釋傳而不釋經，與杜范異例，知漢末猶自別行。後世所傳漢石經殘字，公羊
傳亦無經文足以互證。今本以傳附經，或徐彥作疏之時所合併歟？自是春秋三傳之
疏備然春秋之學至唐而疏通證明集漢詁之大成亦至唐而風氣獨開導宋學之先
路。蕭代之世，有潤州丹陽縣主簿趙郡啖助叔佐者明春秋，撰統例，務在考三傳得失，
彌縫闕漏故其論多異先儒如謂『左傳非丘明所作獨詳周晉齊宋楚鄭之事，乃左
氏得此數國之史以授門人義則口傳，未形竹帛後代學者乃演而通之，編次年月以
爲傳記又雜采各國諸卿家傳及卜書夢書占書縱橫小說故序事雖多，釋經殊少猶
不若公羊穀梁之于經爲密。公羊穀梁初亦口授公羊名高穀梁名赤，未必是寔漢書
丘明授魯曾申申傳吳起，自起六傳至賈誼等說，亦皆附會」又云：『春秋之文簡易。

先儒各守一傳，不肯相通，互相彈射，其弊滋甚」自啖助之說出而風氣漸變大抵啖

助以前，學者皆專門名家，苟有不通，寧言經誤其失也固陋！啖助以後學者喜援經擊

傳其或未明，則憑私臆決其失也穿鑿助之學傳于洋州刺史河東趙匡伯循，給事中

吳郡陸淳伯沖。淳因助統例，僅成六卷遂與助之子曰異者哀錄遺文增纂統例請匡

損益成春秋集傳纂例十卷；又本褒貶之意，更為春秋微旨三卷條別三傳折衷啖趙，

以朱墨記其勝否又摭三傳之不入纂例者駁正以明去取之意成春秋

集傳辨疑十卷蓋啖助之學，至淳而發揮旁通也然淳之闡發師說亦有變本而加厲

者！啖助以為『左氏敍事雖多解經意殊少；公穀傳經密於左氏然左氏比餘傳其功

最高博采諸家敍事尤贍能令百代之下頗見本末因以求意經文可知。』則亦未甚

深非。至淳則直謂『左氏淺於公穀誣謬實繁』啖助以為『左氏公羊穀梁皆孔門

後之門人但公穀守經，左氏通史其體異爾惟三傳之義本皆口傳左傳亦非丘明自

作』。至淳則直謂『左氏非丘明。夫子以前賢人如史佚遲任之流焚書之後學

者見傳及國語俱題左氏逐引以為丘明然自古豈止一丘明姓左乎且左傳國語文

體不倫，敍事多乖，定非一人所爲也。」此則闡發師說而變本加厲者也然今世所傳

合三傳爲一書者實自淳之纂例始。淳本啖助之說雜采三傳以意去取合爲此書變

專家爲通學是春秋經學一大變。宋儒治春秋者皆此一派。如平陽孫復明復之撰春

秋尊王發微十二卷；新喻劉敞原父之撰春秋權衡十七卷，春秋傳十五卷，春秋意林

二卷春秋傳說例一卷高郵孫覺莘老之春秋經解十三卷涪陵崔子方彥直之撰春

秋經解十二卷，春秋本例二十卷，春秋例要一卷；吳縣葉夢得石林之撰春秋傳二十

卷春秋考十六卷，春秋讞二十二卷；壽州呂本中居仁之撰春秋集解三十卷崇安胡

安國康侯之撰春秋傳三十卷；鄞縣高閌抑崇之撰春秋集注四十卷；瑞安陳傳良君

舉之撰春秋後傳十二卷；南安呂大圭圭叔之撰春秋或問二十卷附春秋五論一卷；

眉山家鉉翁則堂之撰春秋詳說三十卷皆焯然名家，著有成書者其中以孫復爲最

先；劉敞爲最優；而胡安國爲最顯。孫復沿啖陸之餘波幾於盡廢三傳，而劉敞則不盡

從傳，亦不盡廢傳進退諸說往往依經立義，不似復之意爲斷制此亦說貴徵實之一

徵也。胡安國之撰春秋傳自草創至於成書，初稟不留一字其用意亦勤矣！顧其書作

於南渡之後，故感激時事，往往借春秋以寓意，不必一一悉合於經旨；在宋儒春秋之書名最高而品斯下焉！余考宋儒之說春秋者蓋往往推衍啖陸之說。葉夢得曰：『左氏傳事不傳義是以詳於史而事未必實。公羊穀梁傳義不傳事是以詳於經而義未必當』胡安國曰：『事莫備於左氏例莫明於公羊義莫精於穀梁。』朱子曰：『左氏是史學公穀是經學史學者記得事卻詳於道理上便差經學者於義理上有功，然記事多誤』又曰：『左氏曾見國史，考事頗精只是不知大義專去小處理會往往不曾講學。公穀考事甚疏，然義理卻精二人乃是經生傳得許多說話往往不曾見國史。』

呂大圭曰：『左氏熟於事公穀深於理蓋左氏曾見國史而公穀乃經生也』此推衍啖助「公穀守經，左氏通史」之說也。臨川王安石介甫有左氏解一卷證左氏非丘明者十一事今佚其書不知十一事者何據或問程子曰：『左氏是丘明否』曰：『傳無丘明字故不可考。』葉夢得撰春秋讞，據左傳末載『韓魏反而喪之』之語，謂『左氏終紀韓知伯亡時左氏猶在』斷以為戰國時人。莆田鄭樵漁仲六經奧論云：『左氏終紀韓魏智伯之事又舉趙襄子之諡若以為丘明自獲麟至襄子卒已八十年矣使丘明與

孔子同時不應孔子既沒七十有八年之後，丘明猶能著書。此左氏爲六國人，明驗一

也。左氏『戰於麻隧，秦師敗績獲不更女父。』又云：『秦庶長鮑庶長武帥師及晉師

戰於櫟』秦至孝公時立賞級之爵乃有不更庶長之號。明驗二也。左氏云：『虞不臘

矣！』秦至惠王十二年初臘明驗三也。左氏師承鄒衍之說而稱『帝王子孫』齊威

王時，鄒衍推五德終始之運明驗四也。左氏言分疆皆準堪輿按韓魏分晉之後而堪

輿十二次『始於趙分日大梁』之語明驗五也。左氏云：『左師展將以公乘馬而歸。

』按三代時，有車戰無騎兵惟蘇秦合從六國，始有『車千乘騎萬四』之語明驗六

也，左氏序呂相絕秦聲子說齊其爲雄辨狙詐遊說之士捭闔之辭明驗七也。左氏

之書序晉楚事，如『楚師燔猶拾藩』等語則左氏爲楚人明驗八也據此八驗知左

氏爲六國時人非丘明矣』朱子亦謂『『虞不臘矣』爲秦人之語」與鄭樵同。此

推衍陸淳『左氏非丘明』之說也惟重證驗主事實殆有勝於陸淳之懸想鑿空者

焉然宋自孫復之祖陸淳人人以臆見說春秋惡舊說之害已也，則與三傳義例而廢

之；又惡左氏所載證據分明不能縱橫顚倒，惟所欲言也則併舉左傳事蹟而廢之。譬

諸治獄務燬案牘之文滅證佐之口是非曲直，乃可惟所斷而莫之爭也。獨眉山蘇轍子由撰春秋集傳十二卷大意以世人多師孫復不復信史故簡別公穀，壹以左氏為本；蓋二傳之意測者難信而左氏之徵史者有據也。金華呂祖謙伯恭之學於左傳最深其發揮左傳者則有春秋左氏傳說二十卷續說十二卷東萊左氏博議二十五卷然據事抒論意不在通經。福清林栗黃中撰春秋經傳集解三十三卷則尤專主左氏而黜公穀。惟林栗指左傳之『君子曰』為劉歆所加。而資州李方丹著左氏君子例一卷則以為左傳有所謂君子曰者蓋皆示後學以褒貶大法云。蒲江魏了翁鶴山節錄杜注孔疏，每條前為標題而系以先後次第成春秋左傳要義三十一卷其書於疏中日月名氏之曲說，煩重瑣屑者多刊除不錄，而名物度數之間則刪繁舉要。本末粲然蓋左氏之書詳於典制三代之文章禮樂猶可以考見其大凡其遠勝公穀定在於此了翁所輯蓋庶乎得其要領者！丹稜程公說克齋則取春秋經傳倣司馬遷書，為年譜名譜曆法天文五行疆理禮樂征伐職官諸書周魯齊宋晉楚以下大小國世本成春秋分紀九十卷條別件繫附以序論。清儒顧棟高之春秋大事表大略仿焉斯

與魏了翁春秋左傳要義俱爲左學之津梁也。是皆刻意於左氏之書者儻以廁於宋

儒之間，殆所謂抗心獨往，而不囿於時論者耶！元仁宗延祐二年定科舉經義取

士條格，春秋用三傳及胡安國傳然祁門汪克寬德輔作春秋纂疏三十卷，一以安國

爲主而明成祖命行在翰林院學士胡廣等撰定春秋大全七十卷，即用克寬之胡傳

纂疏爲藍本焉！自是胡傳行而三傳悉廢。儒者馴乃棄經不讀惟以安國之傳爲明

儒所謂經義者實安國之傳義而已！故有明一代春秋之學爲最陋而其端寔於元發

之！此元明兩代之春秋學所爲卑之無甚高論者也！獨有可特筆者；元之二家曰慶元

程端學積齋曰休寧趙汸子常明之二家曰長洲陸粲子餘曰太倉傅遜士凱。四人者，

主張不同，方法亦不同。程端學作春秋三傳辨疑二十卷，其書以攻駁三傳爲主；凡

學以爲可疑者皆摘錄經文傳文而疏辨於下大抵先存一必欲廢傳之心，百計以

求其瑕類求之不得則以不可信一語概之蓋不信三傳之說，創於啖助陸淳逮宋析

爲三派有棄傳而不駁傳者厥以孫復之春秋尊王發微爲最著有駁三傳之義例者；

厥以劉敞之春秋權衡爲最著有駁三傳之典故者厥以葉夢得之春秋讞爲最著至

於端學乃兼三派而用之且併以左傳爲僞撰推波助瀾囮顧其安而作春秋本義三

十卷則頗能糾正胡安國傳之失而所采自三傳而下凡一百七十六家中多宋儒孫

復以後之說其書佚者十之九則可謂集宋學之大成者矣至其作春秋或問十卷則

歷舉諸家各加抨擊雖過疑三傳未免乖方至於宋代諸儒一切深刻瑣碎之談附會

牽合之論囮不併舉而摧陷焉是蒐采宋學之總匯者端學而廓清宋儒之矯誣者亦

端學也至趙汸淹貫三傳所撰春秋集傳十五卷春秋屬辭十五卷春秋左氏傳補注

十卷皆據傳求經多由考證得之不似程端學之好騁臆說蓋汸之說春秋以左氏傳

爲主注則宗杜預左有不及者以公羊穀梁二傳通之杜所不及者以陳傳良左氏傳

旨通之其大旨謂『杜偏於左傳良偏於穀梁若用陳之長以補杜之短用公穀之是

以救左傳之非則兩者兼得筆削義例觸類貫通傳注得失辨釋悉當不獨有補於杜

解爲功於左傳卽聖人不言之旨亦灼然可見』因反復辨討出入百家究其得失卽

陳傳良章旨附於杜注之下成春秋左氏傳補注於杜注有未備者頗采孔穎達之疏

暢述之蓋徵實之學與虛騰高論者終有別也惟趙汸譏陳傳良春秋後傳之貫通三

傳，『公穀與左氏終是異師；』頗中其失！然漢尹更始之章句，晉劉兆之全綜，已開

貫通三傳之先路矣必獨繩陳傳良以苛論矣！陳傳良之書獨存春秋後傳左傳音旨，

世則罕睹而汸所采錄，寧祇補杜注之遺闕，抑足存陳書之梗概焉！至無錫邵寶國賢

於明武宗時著左觹一卷頗發杜注之違，獨惜其寥寥無多！陸粲乃著左傳附注五卷，

以駁正杜注孔疏暨陸德明之左傳釋文旁采諸家，斷以已意，於訓詁家頗爲有稗。而

傅遜著左傳屬事二十卷，則傚建安袁樞紀事本末之體變編年爲屬事以題分，題

之誤，有未經辨議者亦創以已意爲之鼇革斯則左氏之忠臣，杜注之諍友；而明儒之

以國分更加考注以訂杜預之誤又著左傳注解辨誤二卷則會衆說以折衷之，杜注

矯然特出者乎！清儒尊推漢學與明儒異趣。然公羊垂絕復續至晚清迺盛而穀梁孤

學，罕有傳者獨左氏不絕於講誦。其無愨左氏之忠臣，杜注之諍友，而有光於前哲者；

則有崐山顧炎武亭林之撰左傳杜解補正三卷；衡陽王夫之而農之撰春秋稗疏二

卷；吳江朱鶴齡長孺之撰讀左日鈔十四卷；泰州陳厚耀泗源之撰春秋長曆十卷；春

秋世族譜一卷；吳縣惠士奇天牧之撰半農春秋說十五卷；惠棟定宇之左傳補注六

卷，吳江沈彤冠雲之撰春秋左氏傳小疏一卷；甘泉焦循理堂之撰春秋左傳補疏五卷；陽湖洪亮吉稚存之撰春秋左傳詁二十卷；錢唐梁履繩處素之撰左通補釋三十二卷；吳縣沈欽韓文起之撰春秋左氏傳補注十二卷；桐城馬宗璉魯陳之撰春秋左傳補注一卷；嘉興李貽德次白之撰春秋左氏傳賈服注輯述二十卷；皆能補苴罅漏，張皇幽眇通賈服之說，發杜氏之違，於左氏書有所闡明；而焦循沈彤特斥杜預註左以成同馬氏之篡弒語有證佐最推深識然就左氏而論猶爲掇拾細故未究大體獨無

錫顧棟高震滄之撰春秋大事表五十卷錯比全書創意爲表天文有時令表朔閏表長曆拾遺表天文表五行表地理有列國疆域表列國犬牙相錯表列國都邑表列國山川表列國險要表城築表國際有列國爵姓及存滅表齊楚爭盟表宋楚爭盟表晉楚爭盟表吳晉爭盟表齊晉爭盟表秦晉交兵表晉楚交兵表吳越交兵表齊魯交兵表魯邾莒交兵表宋鄭交兵表四裔表齊紀鄭許宋曹吞滅表；內政有列國官制表刑賞表田賦軍旅表王迹拾遺表魯政下逮表晉中軍表楚令尹表宋執政表鄭執政表亂賊表典禮有吉禮表凶禮表賓禮表軍禮表嘉禮表人物有列

國姓氏表卿大夫世系表人物表列女表；考文有三傳異同表，闕文表左傳引據詩書
易三經表，杜註正譌表凡百三十一篇類聚區分以列春秋大事略與宋程公說之作
春秋分紀同然條理詳明，考證典核較公說書寔爲過之！其辨論諸篇引據博洽議論
精確，多發前人所未發，亦非公說所可及信千古之絕作也！亦有體大思精父子祖孫，
家世相嬗，而莫殫其業者，則有如儀徵劉文淇孟瞻生於道光之世研精古籍貫串羣
經於左氏傳致力尤勤嘗謂『左氏之義爲杜注剝蝕已久其稍可觀覽者皆係襲取
舊說。』發凡創例，撰左傳舊注疏證；先取賈服鄭三君之注，疏通證明凡杜氏所排擊
者糾正之所剿襲者表明之其沿用韋氏國語注者亦一一疏記；他如許愼五經異義
所載左氏說皆本左氏先師；說文所引左傳，亦是古文家說漢書五行志所載劉子駿
說實左氏一家之學又如經疏史注及御覽等書所引左傳注，不載姓名，而與杜注異
者，亦是賈服舊說凡若此者，皆稱爲舊注而加以疏證其顧惠注補及洪亮吉沈彤焦
循等人專釋左氏之書以及錢戴段王諸家詁訓說有可采，咸與登列末始下以己意，
定其從違上稽先秦諸子下考唐以前史書旁及雜家筆記文集皆取爲證佐期於實

事求是俾左氏之大義炳然復明；草創四十年長編已具然後依次排比成書顧未及

寫定而卒其子毓崧伯山繼之會天下大亂年五十迄未成書其子壽曾恭甫又繼

之亦以天死崖卒襄公三世一經賡志踵殁滋可哀也！清祚垂衰樸學亦絕經生矯屬，

斯稱章劉劉師培申叔者劉文淇之曾孫而壽曾之猶子也；少承先業以春秋三傳同

主詮經左傳為書說尤眩備審其義例或經無傳著或經略傳詳以傳勘經知筆削所

昭類存微惜漢儒說左氏據本傳以明經義凡經字相同即為同惜又引月冠事明經

有繫月不繫月之分創獲實多亦較二傳為密爰闡厥科條舉同詞同指同詞異實褒

貶互見錯文見異變文為例文實殊指內外異詞時日月例成春秋左傳例略一書。餘

杭章炳麟太炎與師培驪好亦治左學以為左氏古義最微非極引周秦西漢先師之

說則其術不崇非極為論難辨析則其義不明故以淺露分別之詞申深迂優雅之旨，

發疑正讀成春秋左傳讀一書又據桓譚新論謂劉向以穀梁名家而亦呻吟左氏說

苑新序列女傳中所與左氏事義六七十條其間一字偶易正可見古文左傳不同今

本；而子政之改易古文代以訓詁者亦皆可覩蓋字與今異者則可見河間古文訓與

今異者，則本之賈生訓故；抽繹古義，次第其文，成劉子政左氏說以糾漢書稱歆治左

氏向不能非間，猶自持穀梁義之違謬。斯可謂軼近左學之後勁者矣。穀梁與左氏同

出魯學，然穀梁自昔孤微！清中葉以後稍振其著書立說，差自名家者，則有海州許桂

林同叔之穀梁釋例四卷；番禺侯康君謨之穀梁禮證二卷；丹徒柳興恩賓叔之穀梁

大義述七卷；嘉善鍾文烝朝美之穀梁補注二十四卷。而柳與恩之治穀梁，專從善於

經入手，而善經則以述辭比事為據，事與辭，則以春秋日月等名例定之，扶翼孤經，於

穀梁家為有條貫云！公羊與左氏義相反對，與穀梁亦非同趣。而曲阜孔廣森攟約撰

春秋公羊通義十一卷，兼援左穀，未明家法；又其三科九旨不遵何氏，而別立時日月

為天道科，譏貶絕為王法科，尊親賢為人情科，如是則以日月名字為褒貶公羊與穀

梁何異言公羊學者不重之！然清儒之言公羊者，蓋自廣森開其端，而武進莊存與方

耕著春秋正辭九卷，宏發公羊刊落訓詁名物之末，而專求所謂微言大義者，其同

外孫劉逢祿繼之，昌衍其緒，以正孔廣森以為「無三科九旨則無公羊。無公羊，

則無春秋。春秋因魯史以明王法，改周制而俟後聖，猶六書之段借，猶詩之斷章取義，

故雖以齊襄楚靈之無道祭仲石曼姑叔術之嫌疑皆假之以明討賊復仇讓國之義，事實不重而文予不予。左氏詳於事；而春秋重義不重事，左氏不言例，而春秋有例，無達例。惟其不重事故存十一於千百所不書多於所書。惟其無達例故有貴賤不嫌同號美惡不嫌同辭以爲待貶絕不待貶絕之分以寓一見不再見之義。春秋立百王之法豈爲一人一事設哉！故曰：『於所見微其辭於所聞痛其禍於所傳聞殺其恩。』此一義也。穀梁氏所不及知也！『於所傳聞世見撥亂致治於所聞世見治升平於所見世見太平。』此又一義也，即治公羊者亦或未之信也！於是尋其條貫，正其統紀，爲公羊春秋何氏釋例三十篇；凡何氏所謂『非常異義可怪之論，如『張三世』『通三統，』『絀周王魯』『受命改制』諸義次第歸納而爲之敷暢以微言大義刺譏褒諱抑損之文辭洞然推極屬辭比事之道又成箋說答難決獄等凡十一書蓋自漢以來之言公羊者莫之逮也！江都凌曙曉樓者精熟鄭氏禮能通其要。既聞劉逢祿論何氏春秋，大好之深念春秋之義存於公羊而公羊之學傳自董子。董子春秋繁露原大以尊禮援比以貫類旨奧詞蹟莫得其會通乃博稽旁討承意儀志梳其章櫛其句爲

注十七卷又不慊于徐彥之公羊疏，欲改爲之而未暇成公羊禮疏十一卷，公羊禮說一卷公羊問答一卷。句容陳立卓人從曙學兼習公羊春秋鄭氏禮，而於公羊用力尤深鈎稽貫串自漢儒治公羊家言者董仲舒司馬遷以下逮清儒孔撝約莊存與劉逢祿諸家，悉加董討而裁以己意其禮制則折衷師說而竺宗鄭氏撰成春秋公羊義疏七十六卷，而於何氏有引申無違異蓋嚴守疏不破注之例也。斯亦何氏之悌弟而公羊之忠臣矣然世儒之學左氏者，必紬公羊學公羊者，亦紬左氏。劉逢祿論左氏書，而據史記本名左氏春秋若晏子春秋呂氏春秋比。自王莽時國師劉歆增設條例推衍事迹强以爲傳春秋，冀奪公羊博士師法所當以春秋歸之春秋，左氏歸之左氏而删其書法凡例及論斷之繆于大義孤章斷句之依附經文者庶以存左氏之本眞俾攻左者不得爲口實成左氏春秋考證二卷自唐以來諸家蓋未有詳考博辨如劉氏此書者也論者以比尙書之太原閻若璩尙書古文疏證一書焉顧近儒章炳麟則詞爲摘發同異比盜憎主人蓋嘗駁難其說累三萬言以弁于春秋左傳讀之編首而南海康有爲長素著新學僞經考，則又謂『春秋左氏傳暨周禮逸禮及詩之毛傳凡

西漢末劉歆所力爭立博士者皆劉歆僞作以成新莽篡漢之計者也」「新學」者，謂『新莽之學。』蓋幷擯春秋左氏傳諸書于漢學之外，殆視劉逢祿之說爲尤甚！而有爲尤敢爲非常異義可怪之論，託改制以言變法，張三世以說進化，著有春秋董氏學孔子改制考等書而定春秋爲孔子改制創作之書謂『文字不過其符號，如電報之密碼，如樂譜之音符，非口授不能明，又不惟春秋而已；凡六經皆孔子所作。昔人言孔子删述者誤也。孔子蓋自立一宗旨而憑之以進退古人，去取古籍。孔子改制，恆託于古。堯舜者孔子所托也；其人有無不可知，即有亦至尋常。經典中堯舜之盛德大業，皆孔子理想上所構成也。又不惟孔子而已，周秦諸子，罔不改制，罔不託古。老子之託黃帝墨子之托大禹許行之托神農，是也。』雖然，近儒祖述何休以言公羊者，如劉逢祿陳立之倫皆言改制，而有爲之說實有不同尋常者蓋有爲所謂『改制』者，卽『政治革命』『社會進化』之意也，故喜言『通三統。』『三統』者謂夏商周三代不同當隨時因革也喜言『張三世』『三世』謂據亂世升平世太平世，愈改而愈進也。既以授弟子新會梁啓超任公師弟于喁嘶實見諸行事而有戊戌之政變功雖

不成，衆論歸高一時士夫之騖變法維新者益憙言公羊矣然章炳麟專攻左氏而無

害于言革命謂「賈逵言『左氏義深君父』」此與公羊反對之詞耳！若夫稱國弑君，

明其無道則不得以『義深君父』爲解。杜預于此最爲閎通而近世焦循沈彤輩多

謂預借此以助司馬昭之弑高貴鄉公則所謂『焦明已翔乎寥廓弋者猶視乎藪澤

』也！善化皮錫瑞鹿門，作春秋通論楊摧三傳而歸重于公羊據孟子『孔子作春

秋而亂臣賊子懼』之說謂「春秋大義，在誅討亂賊而左氏『弑君稱君君無道』

之例，揆之春秋大義有乖。杜預奸言誣聖曲暢其說」持論又殊章氏則是以志行之

不同而判從違寧必所學之殊耶篡春秋志第六。

上古結繩而治，書契者蓋作於<u>黃帝</u>之史<u>倉頡</u>，覽鳥獸蹏迒之迹，依類象形，故謂之文；其後形聲相益即謂之字，文者物象之本字者孳乳而寖多也。故獨體爲文合體爲字。著於竹帛謂之書，書者如也，書之體用有六，一曰指事，指事者，視而可識，察而見意；二三是也。二曰象形，象形者，書成其物，隨體詰屈，日月是也。三曰形聲，形聲者以事爲名，取譬相成，江河是也。四曰會意，會意者，比類合誼，以見指撝，武信是也。五曰轉注。轉注者建類一首，同意相受，考老是也。六曰假借，假借者，本無其字，依聲托事，令長是也，謂之六書，其中指事象形二者，皆獨體之文也；形聲會意二者，則合體之字也，惟會意兩體皆主義，而形聲則一體主義一體主聲兼義，四者字之體也，至轉注之建類一首，殆形制之歸納法；而假借之依聲托事則聲義之演繹法。二者字之所由孳乳，充類至盡而廣字之用者也，然則六書之作，權輿於文，而字之孳乳於字，蓋形聲相配，盡之矣。以形爲經，以聲爲緯，而天下之物盡，以聲爲經，以形爲緯，而天下之義備，物不

能逃乎形義弗能離於聲形歸類而建部首聲各義而從某聲父之詔子師之詔若

先授以部首使知天下之共名則明孳乳之字以類分。如知水字則江河湖海知木字則桃杏梅李知為木

授以某聲使知天下之音義則從某聲之字以音比。

類　如娶從取聲為女義知為中衣之義察其形

聲相配而字之名罔不瞭然心目間故識一物而眾物明通一聲而眾聲會也然則

六書之孳乳不外形聲相配而一切文字之體用要歸六書古者八歲入小學故周官

保氏掌養國子教之六書謂指事象形形聲會意轉注假借也漢興蕭何造律亦著其

法曰『太史試學童能諷書九千字以上乃得為史』自是稱書學為小學也夫六經

孔孟之書以載道所以明道者辭也所以成辭者字也學者當由字以通其辭由辭以

通其道。宋儒譏訓詁之學而輕語言文字是猶渡江河而棄舟楫也！然則小學者經學

之委也故以殿於篇惟漢以後儒者之言小學有言形制者有言聲韻者有盡形聲之

用而言訓詁者而形制為之基。

　　我聞在昔倉頡帝史肇與文字鳥迹獸遠厥名古文繼以蟲魚古古相積；五帝三

王之世改易殊體封於泰山者七十有二代靡有同焉及周宣王太史籀著大篆十五

篇所稱史籀篇者，周時史官教學童書也；與古文或異。至孔子書六經，左丘明述春秋

傳皆以古文其後諸侯力政，不統於王惡禮樂之害已而皆去其籍言語異聲文字異

形。秦始皇帝初兼天下丞相李斯乃奏同之罷不與秦文合者作倉頡篇七章中車府

令趙高作爰歷篇六章；太史令胡母敬作博學篇七章皆取史籀大篆或頗省改所謂

小篆者也是時始建隸書矣起於官獄多事苟趨省易施之於徒隸作之自

程邈也漢興閭里書師合倉頡爰歷博學三篇斷六十字以爲一章凡五十五章并爲

倉頡篇。武帝時，司馬相如作凡將篇無復字元帝時黃門令史游作急就篇；成帝時將

作大匠李長作元尚篇皆倉頡中正字也凡將則頗有出矣至平帝元始五年，徵天下

小學者沛人爰禮等以百數各令記字於未央庭中黃門侍郎蜀郡揚雄子雲取其

有用以作訓纂篇順續倉頡又易倉頡中重複之字凡八十九章五千三百四十字。

惟倉頡多子俗師失其讀宣帝時徵齊人能通倉頡讀者河東張敞子高從受之傳

至外孫涼州刺史魏郡杜業子夏之子曰林伯山者爲作倉頡訓纂倉頡故各一篇具

載漢書藝文志獨史游急就篇傳凡四卷三十四章其字略以類從而不立門目解散

隸體，以所變章草法書之。至東漢，扶風班固孟堅續揚雄訓纂作十三章，無復字。揚雄

訓纂終于滂憙二字。和帝時郎中賈魴又用此二字爲篇目，續成滂憙篇而終于彥均

二字；合倉頡訓纂稱曰三倉凡百二十三章七千三百八十字六藝羣書所載略備矣！

史游以下，咸以李斯倉頡篇爲本安帝之世，大尉南閣祭酒汝南許愼叔重以爲

漢代暴秦承用隸體即大篆亦將廢棄何論古文故因當時之體采通人之言溯古籀

之迹作說文解字其意蓋尙書載堯以來，史記托始五帝之義而以秦漢小篆爲主，則

荀卿子法後王之義取其適于時用也凡十四篇合目錄一篇爲十五篇分五百四十

部，爲文九千三百五十三，重文一千一百六十三注十三萬三千四百四十一字其建

首也立一爲耑聚類羣分共理相貫雜而不越據形系聯引而申之以究萬原畢終于

亥；後世之言小學者宗焉。北海鄭元康成注三禮各引說文一事獻帝時扶風曹喜仲

則潁川邯鄲淳于叔京兆韋誕仲將河東衞覬伯儒皆以篆法授受而覬好古文鳥篆

草隸，無所不善淳善倉雅蟲篆許氏字指魏初傳古文者出于邯鄲淳魏又有淸河張

揖稚讓作埤倉三卷古今字詁三卷難字錯誤字各一卷掖庭右丞周氏作雜字解詁

篇所稱史籀篇者，周時史官教學童書也；與古文或異。至孔子書六經，左丘明述春秋傳皆以古文其後諸侯力政不統於王惡禮樂之害已而皆去其籍言語異聲文字異形秦始皇帝初兼天下丞相李斯乃奏同之，罷不與秦文合者作倉頡篇七章中車府令趙高作爰歷篇六章太史令胡母敬作博學篇七章皆取史籀大篆或頗省改所謂小篆者也是時始建隸書矣！起於官獄多事，茍趨省易，施之於徒隸作之自程邈也。漢興閭里書師，合倉頡爰歷博學三篇斷六十字以爲一章，凡五十五章幷爲倉頡篇。武帝時，司馬相如作凡將篇無復字元帝時黃門令史游作急就篇成帝時將作大匠李長作元尚篇皆倉頡中正字也凡將則頗有出矣至平帝元始五年徵天下通小學者以百數各令記字於未央庭中黃門侍郎蜀郡揚雄子雲取其有用者以作訓纂篇順續倉頡，又易倉頡中重復之字凡八十九章五千三百四十字。惟倉頡多古字俗師失其讀；宣帝時徵齊人能通倉頡讀者河東張敞子高從受之傳至外孫涼州刺史魏郡杜業子夏之子曰林伯山者爲作倉頡訓纂倉頡故各一篇具載漢書藝文志獨史游急就篇傳凡四卷三十四章其字略以類從而不立門目解散

隸體，以所變章草法書之。至東漢，扶風班固孟堅續揚雄訓纂作十三章，無復字揚雄訓纂終于滂熹二字。和帝時郎中賈魴又用此二字爲篇目續成滂熹篇而終于彥均二字合倉頡訓纂稱曰三倉，凡百二十三章，七千三百八十字六藝羣書所載略備矣！然自史游以下咸以李斯倉頡篇爲本安帝之世大尉南閣祭酒汝南許愼叔重以爲漢代暴秦承用隸體，即大篆亦將廢棄何論古文故因當時之體采通人之言溯古籀之迹作說文解字其意蓋尚書載堯以來，史記托始五帝之義，而以秦漢小篆爲主則荀卿子法後王之義取其適于時用也凡十四篇合目錄一篇爲十五篇分五百四十部，爲文九千三百五十三重文一千一百六十三，注十三萬三千四百四十一字其建首也立一爲耑聚類羣分共理相貫雜而不越據形系聯引而申之以究萬原畢終于亥；後世之言小學者宗焉。北海鄭元康成注三禮各引說文一事。獻帝時，扶風曹喜仲則潁川邯鄲淳于叔京兆韋誕仲將河東衞覬伯儒皆以篆法授受。而覬好古文、鳥篆草隸，無所不善。淳善倉雅蟲篆許氏字指。魏初傳古文者出于邯鄲淳。魏又有清河張揖稚讓作埤倉三卷古今字詁三卷難字錯誤字各一卷揆庭右丞周氏作雜字解詁

四卷；周成作解文文字七卷；曹侯彥作古今字苑十卷；蜀有太子中庶子郭顯卿作古今字苑十卷；具見隋書經籍志方之許書古今體用或得或失而吳之好說文者稱彭城嚴峻曼才焉既晉代魏禪衞覬之孫曰恆巨山者善草隸書能世其學撰四體書勢一卷最爲人傳誦。而東萊懿令呂忱則表上字林六卷以補許愼說文書所闕遺其中有說文本無而增補者有說文本有而字各異體者然于許氏部敍初無移徙蕭梁之世，黃門侍郎兼太學博士吳郡顧野王希馮者于篆隸奇字無所不通乃因說文造玉篇三十卷其部敍旣有所增降損益其文又增多於字林唐六典載書學博士以石經說文字林敎士字林之學閱晉宋齊梁陳至唐極盛論者以爲說文之亞今字書傳世者，莫古於說文玉篇而字林實承說文之緒開玉篇之先者也北朝魏符節令陳留江式法安亦依許氏說文爲本撰古今文字四十卷，大體以許氏書爲主及梅傳僖孔氏尚書五經音注籀篇爾雅三倉凡將方言通俗文祖文宗埤倉廣雅古今字詁三字石經字林韻集諸賦文字有六書之誼者以類編聯文無複重統爲一部其古籀奇惑俗隸諸體咸使班於篆下各有區別；訓詁假借之誼隨文而解可謂有造於許氏者也！至唐肅

宗時，處士富春孫強復修顧野王玉篇愈增其文世行之玉篇本蓋非野王之舊，而

強所修也。然許慎專爲篆學，而野王雜於隸書用世既久，故篆學愈微。野王雖曰推本

許慎，而追逐世好，改竄舊自強以下，固無譏焉！代宗之世，趙郡李陽冰少溫獨擅篆

學與秦丞相李斯齊名，時稱中興。蓋唐以說文立博士習之者多，而陽冰尤精也。更刊

定說文仍祖許慎，然頗出私意詆訶於慎，其後譚小學者：宋則有洛陽郭忠

恕恕先之汗簡佩觿，湖州張有謙中之復古篇元則有永嘉戴侗仲達之六書故兗州

桓武子之六書統饒州周伯琦伯溫之說文字原，六書正譌，明則有餘姚趙撝謙古

則之六書本義衢州葉秉敬敬君之字彎其大旨皆不違於許氏其間傳述之功，則以

南唐二徐爲最二徐者蓋廣陵徐鉉鼎臣徐鍇楚金兄弟鍇撰說文繫傳凡八篇四十

卷，首通釋三十卷以許慎說文解字十五篇，篇析爲二；凡鍇所發明及徵引經傳者悉

加『臣鍇曰』『臣鍇案』字以別之繼以部敍二卷通論三卷祛妄類聚錯綜疑義

系述各一卷祛妄斥李陽冰臆說疑義舉說文偏旁所有而闕其字者，又篆體筆畫相

承小異者部敍擬易序卦傳以明說文五百四十部先後之次類聚則舉字之相比爲

義者如一二三四之類；錯綜則旁推六書之旨通諸人事以盡其意；終以系述則猶史

記之自敍名之曰繫傳者蓋尊許氏書若經也。鉉又苦許氏書偏旁奧密不可意知；因

令錯以切韵譜其四聲取便檢閱而鉉爲錯篆之名曰說文解字篆韵譜，凡五卷；小篆

皆有音訓無音訓者則憤書所附之重文注史字者籀書注古字者古文也所注頗爲

簡略，蓋六書之義巳具繫傳耳繫書成未布而南唐亡錯亦卒。鉉入宋爲太子率更，

以太宗雍熙三年奉詔與句中立葛湍王惟恭等刊定說文其字爲說文註義序例所

載而諸部不見者悉爲補錄又有經典相承，時俗要用，而說文不載者亦皆增加別題

之曰新附字其本有正體而俗書訛變者則辨於註中其違戾六書者則別列卷末或

註義未備更爲補釋亦題『臣鉉等案』以別之；音切則一以孫愐唐韵爲定以篇帙

繁重每卷各分上下後世所行毛晉刊本是也。自是鉉之校理錯之繫傳胥爲後世治

許氏學者所宗謂之大徐小徐是也。郭忠恕撰汗簡四卷與大小徐同時其分部分隸

諸字用古文之偏旁而從說文之舊徵引古文七十一家時薛尚功等之書末出故鐘

鼎闕焉然後之談古文者輾轉援據太抵從此書相販鬻則忠恕所編實爲諸書之根

柢未可忘所自來矣！至据三代鐘鼎彝器以考古文者，蓋自錢唐薛尚功用敏撰歷代

鐘鼎彝器款識始也。元明以來，說文之學漸微，則語錄性理間之也不墜前型差強人

意者；惟周伯奇戴侗葉秉敬諸家耳餘等自鄶無譏焉獨清儒武進臧禮堂和貴之著

說文引經考，烏程嚴可均景文之著說文天算考說文聲類皆有專門獨到之功。陽湖

孫星衍淵如考魏二體石經殘字，校倉頡篇，皆以說文解字爲根據。而金壇段玉裁懋

堂積數十年之力治說文解字尤爲有功許氏以徐鉉校本頗有更易，不若鍇爲不失

許氏之舊顧其中尙有爲後人竄改者漏落者失其次者，一一考而復之，作長編名曰

說文解字讀悉有佐證不同肌說詳稽博辨既而簡練成注仍鉉校分三十卷；大致謂

「說文五百四十部次第以形相聯。每部之中次第以義相屬每字之下，兼說其古義

古形古音訓釋者古義也；象某形從某某聲者古形也；云某聲云讀若某者古音也三

者合而一篆乃完也。其引經傳有引以說古義者以轉注假借分觀之如虞書曰『至

於岱宗柴』詩曰『祝祭於祊』說字之本義也。如商書曰『無有作政』周書曰『

布重莫席」說假借此字之義也。有引以說古形者如易曰『百穀草木麗於地，』說

麗從艸麗之意。易曰『豐其屋』說豐從宀豐之意。易曰:『突如其來如,』說乀從倒

子之意是也。有引以說古音者,如菽讀若詩『施罟濊濊』弅讀若『予違汝弼』是

也。學者以其說求之,斯說文無不可通之處;斯經傳無不可通之處矣!自以為揆諸

經義例以許書以字考經,以經考字昭然若發蒙也。時元和江民庭聲者,生平服膺許

氏不為行楷者數十年,凡尺牘率皆依說文書之,為說文考證;既見玉裁之注多

自符合歎服輟稿焉!故其書精實通博,非前之傳說文者可及!惟吳縣鈕樹玉非石作

段氏說文注訂訂其義例;鄒伯奇有讀段注說文札記,糾其牴牾,而段氏之書,終為治

說文者所不廢也![樹玉著有說文解字校記三十卷]說文新附考七卷曲阜桂未谷馥

卷然徵引羣書不加斷制或有類書之譏;安邱王筠貫山著有說文釋例二十卷蓋即

謂『訓詁不明,不足以通經;』曰取說文與諸經之義相疏證,為說文辨字義證五十

許氏書而釋其條例其目曰六書統說曰指事曰象形曰形聲曰亦聲曰一全一省曰

兩借曰以雙聲字為聲曰一字數音曰形聲之失曰會意曰轉注曰假借曰彰飾曰籀

文好重疊曰或體曰俗體曰同部重文曰異部重文曰分別文累增字曰疊文同異曰

體同音義異曰互從，曰展轉相從，曰母從子曰說文與經典互易字曰列文次第，曰列

文變例，曰說解正例，曰說解變例曰一曰曰非字者不出於說解，曰同意曰闕曰讀若

直指曰讀本義，曰讀若，曰讀引經曰讀若諺，曰聲讀同字，曰雙聲疊韻曰讀若

曰衍文曰誤字，曰補篆曰刪篆曰迻篆曰改篆曰觀文曰糾徐曰存其自指

事至列文變例皆論篆籀自說解正例至、雙聲疊韻皆論說解，自挩文至末則皆臆說；

而存疑則訂許氏之誤兼訂段玉裁注之誤之繁多論說或有穿鑿然條舉

許氏書所稱引而部分之便於學者。惟許氏書雖明形體，而於形聲訓詁間亦述及然

以詮明本義爲宗羣書中文字義訓之不合於說文者，多屬通假段玉裁注乃由通假

以推求本字猶未宣究至元和朱駿聲豐芑撰說文通訓定聲十八卷更暢發之但駿

聲僅求之於同韻，而晻於雙聲相糾又不明旁轉對轉之條牻有補茞猶不免於媲斷。

近儒儀徵劉師培申叔撰古本字考，餘杭章炳麟太炎撰小學答問，乃於許氏書本字

藉字流變之迹甄明益衆！炳麟又讀許氏書敘稱：『倉頡作書依類象形其後形聲相

益卽謂之字文者物象之本字者言孳乳寖多』以爲『獨體者倉頡之文合體者後

王之字古文大篆雖殘缺；倉頡之文，固悉在許氏書也。」於是刺取許氏書獨體，命以初文其諸省變及合體象形指事與聲具而形殘若同體複重者謂之準初文都五百十字集爲四百三十七條，討其類物比其聲均，音義相儷謂之變易自音衍，謂之孳乳比而次之，得五六千名撰成文始九卷所以明形體聲類之更相扶胥異於偏旁之議。若夫囪呆同語囧橫一文天即爲顛語本於囟臣即爲牽義通於玄屮出屵壬同種而禪孔巨久互連理而發斯蓋先哲之所未論炳麟之所獨曉也！自是學者道原窮流，讀劉師培古本字考及炳麟小學答問，而本字藉字之流變明。次讀炳麟文始而文字之流變亦明。小學之條例至炳麟益精切；而小學之境字亦至炳麟斯宏焉。儒薛尚功諸人而後治小學者憲据三代鐘鼎彝器款識以考證古文乃云「李斯作篆已多承誤叔重沿而不治」至欲改易經記獨炳麟證爲未然，而著意於文始敍例，以爲。「古文自漢時所見獨孔子壁中書更王莽赤眉喪亂至於建武史篇亦十亡三四。說文徒以秦篆苴合古籀非不欲備勢不可也然倉頡爰歷博學三篇財三千三百字凡將訓纂繼之縱不增倍已軼出秦篆外蓋古籀及六國時書駸駸復出而班固尤

好古文作十三章,网羅成周之文及諸山川鼎彝蓋衆。說文最字九千,視秦篆三之矣!

此則古籀憖遺其梗概具在說文,猶有不備禮經古文周官故書,三體石經隨倉石鼓

之倫亦足裨補一二。自宋以降,地藏所發眞僞交糅數器相應,足以保任不疑卽暫見

一二器者宜在蓋闕雖攦不具,則無傷於故訓也。若乃熒眩奇字不審曹言之符,譬

之瘂聾蓋何足選。」斯誠矯枉救敝之論然殷虛甲骨文字出土淸季而考古文者,別

得徑塗珍如球壁焉!蓋殷商文字昔人惟於三代鐘鼎彝器間見之,然其數頗少至光

緒時,河南安陽縣西北五里之小屯洹水厓岸爲水齧,有龜甲牛骨出土上鐫古文字;

以其地三周環洹水,蓋史記項羽本紀所稱『洹水南,殷虛上』者,或者遂定爲殷商

文字云。有估客攜千餘片至京師,爲福山王懿榮連孫所得會拳禍作,懿榮被殺其所

藏悉歸丹徒劉鶚鐵雲而洹水之虛,土人於農隙掘地,歲皆有得亦歸於鶚,都鶚先後

得四千五百餘片焉。然論殷虛甲骨收藏之富,莫如上虞羅振玉叔言,蓋三萬片云其

餘散在諸家者亦當以萬計。而駐彰德之某國牧師,所藏亦且近萬片,其拓墨影印成

書者,有劉鶚之鐵雲藏龜十册;羅振玉之殷虛書契前編八卷,後編二卷,殷虛書契菁

華一卷鐵雲藏龜之餘一卷。後英人哈同氏復購得劉鶚所藏之一部八百片，影印戩
壽堂所藏殷虛文字一卷，則多出鐵雲藏龜之外所刻文字，皆殷王室所卜祭祀征伐
行幸田獵之事，故殷先公先王及土地之名，所見甚衆，又其文字之數，比三代鐘鼎彝
器尤多且古，故弢益於古文之考證者尤大！惟事類多同，故文字亦有重複。劉鶚所印，
未及編類；而羅振玉則分別部居去其重複，選印稱最精純，此殷虛文字之影印也，其
最先考釋者，瑞安孫詒讓仲容卽鐵雲藏龜考釋其文字，於光緒甲辰成契文舉例二卷。
雖創獲無多，而殷虛文字之考釋，實自此始。其後羅振玉之殷商貞卜文字考殷虛書
契考釋殷虛書契待問編，海寧王國維靜菴之戩壽堂所藏殷虛文字考釋，先後成書。
而殷人文字之獲考釋者，且什之五六焉，此實近二十年來治文字學者之一大成功
也，故特表而出之。

　　韻書始於魏晉。然生民之初，必先有聲音而後有言語，有語言而後有文字。詩歌
之作，應在書契以前，但求其聲之叶，不求其文之工也，尚書非有韻之文也，夔之典樂
依永和聲，其聲韻之始乎，皐陶賡歌明良康喜起熙之詞，皆韻文也。商周風雅頌存於
形制明而后言聲韻。

今者，蓋三百篇作詩者雖未必如今人之檢韻以求叶；然今人之考古音者，惟據詩三百及經子有韻之文足以互證易象辭如「初筮告再三瀆」之類蓋屋沃古通也爻辭如「需於血出自穴」皆在屑韻。「長子帥師，弟子輿尸。」皆在支韻則古今所同也。文言「同聲相應同氣相求水流濕火就燥」求燥同韻與箕子麥秀歌相同則古今迥異也禮記曲禮首章：「毋不敬儼若思安定辭安民哉！」思辭哉同韻其餘韻文散見於禮經之中者，則不可枚舉矣。儀禮士冠禮士婚禮之醮辭周官考工記之梓人祭侯辭栗氏量銘皆有韻之文也。春秋左氏傳之筮辭童謠與誦謠語亦有韻之文也。故近世考古韻者，大抵取羣經有韻之文折衷於詩三百而後諦煌以上之元音乃復顯於世。既風雅寢聲下降戰國奇文鬱起其離騷哉！考之屈宋之作其音往往與三百篇合；而三百篇所無者，則又往往與周秦漢魏之歌謠詩賦合其爲上古之音何疑而荀子第二十六篇曰賦有禮賦知賦雲賦蠶賦箴賦鼎立於風騷之間儻亦譚先秦古音者之所取資而爲有韻文之大宗焉。至漢高皇大風之歌，漢武帝秋風之辭以及魏武帝橫槊賦詩所用之韻皆與今韻爲近，非若先秦以上之音詰屈聱牙也。文選錄漢

魏人詩賦及箴銘頌讚之屬,其有韻之文多於羣經諸子,而史游急就焦氏易林,全書用韻,故考證漢韻比考證經韻尤易,惜唐人自撰唐韻,漢人未嘗自撰漢韻也,鄭玄注六經,許慎撰說文但云音某或讀若某而已,自後漢佛法行於中國得西域胡書,能以十四字貫一切音謂之婆羅門書。自是字母傳入中國,而樂安孫炎叔然作爾雅音義,乃創反語,而聲音之道備矣。蓋反語生於雙聲,雙聲生於字母,字母以一字貫衆字之音而等韻明,反語以二字定一字之音,而切韻出,切即反也,兩字互相切謂之反,覆之義,亦謂之翻,如同泰之反爲大通,桑落之反爲索郎,是也,兩字切一字,磨切而出聲謂之切,德紅之切東,徒紅之切同,是也,亦謂之紐,有正紐,有倒紐,有旁紐,不越一反也,切也,紐也名異而實同。等韻之法,以若干母貫穿天下無窮之字,而切韻則以同母之字出切,以同韻之字定聲也。至魏此事大行,王肅周易音用反語者十餘條,見陸德明經典釋文,王弼注易亦有反切兩事,而高貴鄉公不解反以爲怪異,自茲厥後音韻鋒出,曹魏左校令李登撰聲類十卷,凡萬一千五百二十字,東晉安復令呂靜(呂忱之弟)撰韻集六卷,中宮商角徵羽各一卷,時音有五而聲未四也,南齊汝南周顒彥倫始作四聲切韻,

梁吳興沈約休文繼之,撰四聲譜以為「在昔詞人,累千載不悟,而獨得胸襟,自謂入

神之作」而韵譜成矣!初沈約與陳郡謝朓玄暉郎邪王蕭融元長在齊永明時以氣

類相推;為文皆用宮商將平上去入四聲以此制韻世呼永明體。獨梁武帝不好焉問

周捨(周顒之子)曰:「何謂四聲?」捨應聲曰:「天子聖哲」然帝竟不甚遵用約;而四聲之

說自此與也。夫漢人課籀隸始為字書以通文字之學。江左競風騷始為韵書以通聲

音之學然漢儒識文字而不識聲音既昧造字之本儻江左之儒知繼有平上去四

聲為韵譜而不知衡有宮商角徵羽牟商牟徵七音為字母亦寧為曉立韵之源字母

起自西域。後漢婆羅門書雖不傳而釋藏譯經字母自晉僧伽婆羅以下可考者尚十

二家然以之翻胡經而未以制國音。沈約見引於唐僧神珙四聲五音

九弄反紐圖序者可證也。初吳郡顧野王希馮造玉篇中載古切字要法之「因煙」

「人然」「新鮮」「鍚涎」「迎妍」「零連」「清千」「賓邊」「經堅」「

「神禪」「秦前」「寧年」「寅延」「眞氈」「娉偏」「澄陳」「平便」「擎

虔」「輕牽」「稱嬋」「丁顛」「興掀」「汀天」「精箋」「民眠」「聲羶」

二三〇

「刑賢」「芬番」「文構」「亭田」凡三十類;蓋即沈約紐字圖之所由本,而為

後世言字母者之祖焉。乃宋儒鄭樵識「江左之儒識四聲而不識七音」其然豈其

然乎?獨沈約紐字之圖不傳於後為可惜耳然自秦漢之文其音已漸戾於古至東京

益甚!而沈約作譜乃不能上據雅南旁采騷子以成不刊之典而僅按班張以下諸人

之賦曹劉以下諸人之詩所用之音撰為定本於是今音行而古音亡,為音學之一變!

隋文帝時,陸法言偕顏之推蕭該劉臻等八人本沈約旨共相撰集;是謂切韻凡五卷;有

二百六部萬二千一百五十八字。唐郭知元關亮薛恂王仁煦祝尚丘等因陸書遞有

增益元宗之世有孫愐者乃以切韻為謬重為刊正別為唐韻唐僧神珙或稱神珙六朝俗然據四

聲五音九弄反紐圖序引南陽釋處忠撰元和韵譜此知神珙元和以後人 始定三十字母後有僧守溫者益以六字今所

傳牙音「見」「溪」「羣」「疑」即顧野王玉篇載古切字要法之「經堅」

「輕牽」「擎虔」「迎妍」也舌頭音「端」「透」「定」「泥」即古切字要法

之「丁顛」「汀天」「亭田」「寧年」也舌上音「知」「徹」「澄」「娘」

即古切字要法之「眞甋」「稱輝」「澄陳」「迎妍」也重唇音「幫」「滂」

『並』『明』即古切字要法之『賓邊』『娉偏』『平便』『民眠』也輕唇音

『非』『敷』『奉』『微』即古切字要法之『芬蕃』『文樠』非敷奉微也齒頭音

『精』『清』『從』『心』『邪』即古切字要法之『精箋』『清千』『秦前』即古切字要

法之『新鮮』『餳涎』也正齒音『照』『穿』『狀』『審』『禪』即古切字要

法之『眞甄』『稱煇』『澄陳』『聲趕』『神禪』也喉音『影』『曉』『喻』

『匣』即古切字要法之『因烟』『興掀』『寅延』『刑賢』也牛舌音『來，

』即古切字要法之『零連』而半齒音『舌』則『人然』也設以七音相配則牙

音者角齒音者商舌音者徵喉音者宮唇音者羽半舌音半徵半齒音者半商於是

三十六母全而國音定也迨宋眞宗以景德四年，詔陳彭年邵雍等校定切韻五卷，凡

二萬六千一百九十四字，註十九萬一千六百九十二言；宋書藝文志皆載陸法言廣韻五卷則法言切韻亦名廣韻之名故陳彭年等校定本增題大宋重修四大中祥符四年書成賜名大

宋重修廣韻；以切韻亦名廣韻也。許愼說文在重修廣韻以前所用翻切

本自是廣韻行而唐韻亡。然宋初徐鉉奉詔校定

一從唐韻；是唐韻亡而不亡也。迨清獻縣紀容舒遲叟作唐韻考五卷以爲：『翻切之

法其上字必同母，下字必同部，謂之音和，間有用類隔之法者，亦僅假借其上字，而不

假借其下字因其翻切下一字，參互鈎稽，輾轉相證，猶可得其部分」乃取說文所載，

唐韻翻切排比，析歸各類；乃知唐韻部分與大宋重修廣韻同，蓋唐韻之作，亦以刊正

隋陸法言切韻；而法言切韻近始出土敦煌千佛洞石室，益以紀氏之唐韻之考，而隋唐

宋音韻變遷之迹可考也。至宋仁宗時，太常博士直史館宋祁，太常丞直史館鄭戩等

建言：『陳彭年邱雍所定廣韻，多用舊文繁略失當。』因詔祁戩與國子監直講賈昌

朝王洙同加修定。刑部郎中知制誥丁度禮部員外郎知制誥李淑為之典領；凡成書

十卷中平聲四卷，上去入各二卷，共五萬三千五百二十五字；

千三百三十二字是字如孿乳寖多音韻亦寖多矣！蓋即世所傳切韻云。世又傳有夏

縣司馬光君實切韻指掌圖者，序稱：『仁宗詔丁度李淑增崇韻學，自許叔重而降，凡

數十家總為集韻。余得旨繼纂其職，書成上之，有詔頒焉』，則是集韻成於司馬光之

手也。又考之切韻指掌圖序，司馬光蓋因纂集韻，科別清濁，成切韻指掌圖二卷，大指

以三十六字母，總三百八十四聲，別為二十圖，取同音同母同韻同等四者皆同謂之

音和。取脣重脣輕舌頭舌上齒頭正齒三音中清濁同者，謂之類隔是音和統三十六字母類統脣齒舌等二十六母也同歸一母則爲雙聲同韻而分兩切者謂之憑切同音而分兩韻者謂之憑韻辨開闔以分輕重審輕重以訂虛實。言等韻者或者以爲切韻指掌圖非司馬光作獨等韻之說自後漢與佛經俱來。然隋書僅有十四音之說，而不明其例。華嚴四十二字母亦自爲梵音不隸以中國之字而神珙之圖附載玉篇；僅粗舉大綱，具體而微其有成書傳世者僅光此圖與四聲等子爲最古。四聲等子，或出遂僧行均，而此圖疑南宋人依托集韻，襲四聲等子之所作；不必出光手筆也。然閩縣孫奕景山作示兒編辨不字作通骨切，一則曰『今以司馬公之切韻考之』『再則曰『自溫公之圖出而音始之。』知宋人信圖爲光之作，而據以爲定韻之張本矣。廣韻集韻雖爲敕修之書；然仁宗以還頒學宮而遵行者蓋不爲廣韻集韻而爲禮部韻略特禮部韻略有二本其一曰附釋文互註禮部韻略者仁宗時刑部郎中知制誥丁度奉敕撰也其一曰增修互註禮部韻略者南宋時衢州免解進士毛晃父子所增修也。宋初程試用韻漫無章程；故閩士至有以『天道如何仰

之彌高」叶韻者。至仁宗敕撰此書雖專爲科舉設;而字之去取,既經廷評,又付公論,

故較他韻書特謹嚴;然收字頗狹,止九千五百九十字著爲令式迄南宋不改。毛晃蒐

采典籍依韻增附并釐訂音義字畫之誤,凡增訂四千八百三十一字其子居正續拾

所遺復增一千四百二字;卽所謂增韻者是也父子相繼用力頗勤但不知古今文字

音韻之殊往往以古音入律詩借聲爲本讀或以引漢律斷唐獄少之不古不今殊難

依據徒以便於程試遵用頗廣;亦利祿之途則然!然而韻書規模未大變也自金韓道

昭據廣韻集韻撰五音集韻,始以七音四等三十六母顚倒唐宋之字紐而韻書一變。

金王文郁增併禮部韻略成平水韻略,南宋劉淵因之,刻淳祐壬子新刊禮部韻略始

以上下平各十五上去各三十入聲十七,合一百七部合併唐宋之二百六部而韻書

又一變。嘉定錢大昕曰後人往往以平水爲劉淵考元槧平水韻略卷首有河間許古

宋人也劉淵刊王文郁平水韻題正大六年己丑則文郁書成於金哀宗時非

序故萊公終以劉淵所撰也茲從其說 至元昭武熊忠子中撰古今韻會舉要三十

卷字紐遵韓道昭法部分遵王文郁例兼二家所變而用之,而韻書舊至是盡變無

遺而其力排歷來韻書之江左吳音則尤爲後來洪武正韻之所本然而歷來韻書之

造作不經罔有過於洪武正韻者也！洪武正韻者，蓋明太祖敕翰林侍講學士樂韶鳳

宋濂等纂修其注釋一以毛晃父子增韻爲藁本書成於洪武八年，而宋濂奉敕爲之

序大旨斥沈約爲吳音，一以中原之韻更正其失併平上去三聲各爲二十二部入聲

爲十部；於是古來相傳之二百六部併爲七十有六焉然考隋書經籍志載沈約四聲

一卷新舊唐書皆不著錄，是其書至唐已佚，而唐以來之唐韻廣韻集韻諸韻書皆以

陸法言切韻爲藍本濂序乃以陸法言以來之韻，指爲沈約；殊爲失據！而陸法言切韻

序則明明載「開皇初儀同劉臻等八人同詣法言論及音韻以今聲調既自有別，諸

公取捨亦復不同。吳楚則時傷輕淺。燕趙則多傷重濁。秦隴則去聲爲入梁益則平聲

似去江東取韻與河北復殊因論南北是非古今通塞欲更捃選精切除削疏緩蕭顏

多所決定魏著作謂法言曰：『向有論難疑處，悉盡我輩數人定則定矣。』法言卽燭

下握筆略記綱紀。」今廣韻之首列同定八人其中：劉臻沛國相人；顏之推琅邪臨沂

人；盧思道范陽涿人；蕭該蘭陵人；辛德源隴西狄道人；薛道衡河東汾陰人；而陸法言

則臨漳人其人有南有北，且北人多而南人少；則非惟韻不定於吳人而序中『江左

取韵』諸語，且亦明斥吳音之失，安得復指為吳音濂在明初；號為宿學，寧知誣妄不

經若此！蓋明太祖既欲重造韵書以更古人，如不誣古人以罪，則改之無名濂亦曲學

阿世強為舞文耳然終明之世竟不能行於天下，則是是非之心終有不可奪者！元明

以來，朝廷頒行學宮之韵書蓋一以南宋劉淵重刊王文郁平水韵略為藍本。於是宋

韵行而唐韵亦亡為隋唐以來音學之又一變而音韵之名家，則專以討論古音為功，蓋

平水韵略曰今韵，以為今音濟無所用之也。南宋以降專著一書以辨明古音者，

自武夷吳棫才老始也考棫之著書，有詩補音楚辭釋音韵補三種其詩補音楚辭釋

音，類能依據本文互相比較推求古讀朱子注詩釋騷有取焉，書佚不傳獨傳韵補五

卷乃牴牾百端然後來言古音者皆從此而推闡加密蓽路之功，不可沒也。歐後用吳

棫韵補之例而蒐采賅備者，則有明新都楊慎升庵之古音叢目古音獵要古音餘古

音附錄四書；雖各為卷帙，而核其體例，全仿吳棫韵補，以今韵分部而分隸以古音之

相協者，知本為一書顧慎之讀書雖多於棫而韵學亦疏故援據秦漢古書頗繁富而

時時舛漏牴牾與棫同譏然慎撰古音略例一卷取易詩禮記楚詞老莊荀管諸子有

韵之詞，標爲略例。若易例『日昃之離』『離音羅，與歌嗟爲韵。『三歲不覿，覿音徒

谷切，與木谷爲韵。『並受其福』福音偪與食汲爲韵。『吾與爾靡之』靡音磨，與和

爲韵詩『嘒彼小星，惟參與昂』昂音旅，下文『抱衾與裯』裯音調；『實命不猶』

猶音搖裯猶爲韵咸於古音有據，而愼又謂『吳棫於詩『棘心夭夭母氏劬勞；

勞必叶音僚。『我思肥泉，茲之永歎，歎必叶他涓切。……不思古韵寬緩如字讀自

可叶何必勞脣齒費簡册！』其論亦頗足糾正吳棫之說，而視古音叢目四書實爲勝

焉。然掇拾成書有離有合終不如清儒崑山顧炎武寧人婆源江永愼修諸人之能本

末融貫也。顧炎武作音學五書江永作古韵標準，以經證經，推究古音始獨探本眞廓

清妄論而開除先路則明連江陳第季立撰毛詩古音考四卷實爲首功。大悟以爲古

人之音原與今異。凡今所稱叶韵，皆卽古人之本音，非隨意改讀輾讀牽就。如『母』

必讀『米』『馬』必讀『姥，『京』必讀『疆，『福』必讀『偪』之類歷考

諸篇，悉截然不紊又左國易象離騷楚詞秦碑漢賦以至上古歌謠箴銘頌讚往往多

與詩合可以互證於是排比經文參以羣籍定爲本證旁證二條本證者詩自相證以

探古音之源旁證者，他經所載以及秦漢以下去風雅未遠者，以竟古音之委而采易獨詳者以時世近而音聲同也鉤稽參驗所列四百四十四字言必有徵視宋儒執今韻部分妄以通古音者，相去蓋萬萬矣！此書卷帙無多然欲求古韻之津梁舍是無由也。既撰毛詩古音考復以楚詞去風人未遠亦古韻之遺乃取屈原宋玉所著騷賦第三十八篇韻與今殊者二百三十四字推其本音與毛詩古音考互相發明，成屈宋古音義三卷。惟每字列本證旁證則間附字下不另爲條與毛書古音考體例小異以前書已明故也。自陳第作毛詩古音考屈宋古音義而古音之門徑始明然創闢榛蕪猶未及研求邃密至顧炎武乃探討本原推尋經傳作音學五書曰音論詩本音易音唐韻正古音表大指持楊愼『古人韻緩不煩改字』陳第『古詩無叶韻』之說。詩本音但卽本經所用之音互相參考每詩皆全列經文而註音句下與今韻合者註曰廣韻某部與今韻異者卽註曰古音某大抵密於陳第而疎於江永故永作古韻標準駁正炎武者頗多然合者十九不合者十一南宋吳棫以來古韻叶讀之謬論至此始一廓淸厥功尤鉅！自序謂『潛心廣韻發悟於中而旁通其說於是據唐韻以正宋韻

之失，據古經以正沈約唐韻之失，而三代以上之音部分秩如；乃列古今音之變而究其所以不同，爲音論二卷；考正三代以上之音，注三百五篇爲詩本音十卷，注易爲易音三卷，辨沈氏部分之誤，而一一以古音定之；爲唐韻正二十卷，綜古音爲十部，爲古音表二卷。自是而六經之文乃可讀，其他諸子之書離合有之而不甚遠。」誠哉有味言之也！炎武之治古音，蓋一以廣韻爲依據，而廣韻者雖今韻之宗；其以推迹古音，猶從部次。故炎武據廣韻二百六部作唐韻正古音表，始分古韻爲十部。

一、東冬鍾江。第二、支脂之微齊佳皆灰咍。庚耕清青韻半、尤韻半、侯韻字屬焉。第三、魚虞模侯。麻韻半屬焉。第四、眞諄臻文殷元魂痕寒桓刪山先仙。第五、蕭宵肴豪。尤韻半、幽韻屬焉。又蕭入聲屬焉。第六、歌戈麻。第七、陽唐庚耕清青。庚耕清青韻半屬焉。第八、蒸登。第九、侵覃談鹽添咸銜嚴凡。第十、尤侯幽。

入聲：屋沃十燭覺；質術櫛物迄月沒曷末黠鎋屑薛麥昔錫職德；藥鐸陌麥昔錫；緝合盍葉帖洽狎業乏。

然江永訂其於三百篇所用有未合者，作古韻標準，分十三部；……第五屑部薛韻、昔錫屬焉。第六部、職德分，麥韻字鐸屬屑薛。第七部、緝分，鐸合分葉沃洽韻字、麥昔錫屬。八部、合盍葉帖洽狎業乏。第十蒸登部、覃談一鹽添咸銜嚴凡。入聲八、豪部陽唐第、屋沃十燭覺、侵二部覃談術。豪第七部歌戈麻分、支歌韻字屬先韻、字部陽唐分庚部、屋沃十燭覺第、侵二部覃談術。齊佳皆灰咍分、文殷衡分、虞又蕭入聲八、豪部陽唐第、屋沃十燭覺第、侵二部覃談術。

洽狎之業〔小注〕惟以詩三百篇爲主，謂之詩韵；而以周秦以下音之近古者附之，謂之補韵；視諸家界限較明。其弟子休寧戴震東原受韵學於江氏，而復古之志益銳，力辨反切始于孫炎，不始神珙，撰聲韵考，分爲七類，後作聲類表，分九類；

〔一平聲歌戈麻魚虞模，入聲藥鐸；二平聲蒸登，入聲職德；三平聲東冬鍾江，入聲屋沃燭覺；四平聲眞臻諄文欣魂痕先桓刪山仙元寒，入聲質術物迄月沒曷末黠鎋薛；五平聲庚耕清青支，入聲陌麥昔錫；六平聲侯幽尤……八平聲侵鹽添覃談銜嚴凡，入聲緝合盍葉業洽狎乏。而以喉類一，鼻……五類二三四，舌類六七，唇類八九，四音分收九類焉。〕

至金壇段玉裁懋堂作六書音均表，乃分古韻爲十七部；

〔韻爲十七部：第一部之咍，第二部蕭宵肴豪，第三部尤幽，第四部侯，第五部魚虞模，第六部蒸登，第七部侵鹽添，第八部覃談咸銜嚴凡，第九部東冬鍾江，第十部陽唐，第十一部庚耕清青，第十二部眞臻先，第十三部諄文欣魂痕元寒桓刪山仙，第十四部脂微齊皆灰，第十五部支佳，第十六部歌戈麻，第十七部……。第一部屋沃燭屬第三部，藥鐸屬第十部，質術物迄月沒曷末黠鎋薛屬第十二部，陌麥昔錫屬第七部……〕

別支佳爲一，脂微齊皆灰爲一，之咍爲一；職德者之之入，術物迄月沒曷末黠鎋薛者脂之入，陌麥旨錫者支之入，自唐虞至陳隋有韵之文無不印合，而歌麻近支，文元寒删近脂，尤幽近之，古音今音皆可得其條貫，自以爲泛濫毛詩，理順節解，因其自然，足補顧炎武江永二家部分之未備也。曲阜孔廣森撝約，自以生陳顧炎武之後，辨去

叶音，識所指歸而据段玉裁六書音均表折衷諸家疏通證明，卽廣韵以爲柢，指毛詩以爲正而知聲者從其偏旁而類之者也文字雖多類其偏旁不過數百苟不知推偏旁以諸衆聲雖偏引六經諸子之韵語而字終不能盡也乃卽偏旁之見于詩者而類之撰詩類分十八部曰元之屬耕之屬眞之屬陽之屬東之屬冬之屬侵之屬蒸之屬，談之屬是爲陽聲者九曰歌之屬支之屬脂之屬魚之屬侯之屬幽之屬宵之屬之屬合之屬是爲陰聲者九陰陽相配可以對轉自謂『獨抱遺經研求豁悟分陰分陽，九部之大綱轉陽轉陰五方之殊音旁引博證於嚮之不可得韵者皆一以貫之無牽強疑滯』也大抵清儒治音竺志于古而前修未密後出轉精發明對轉孔氏尤殊勝也若其整次五音必本字母舊雲雙聲而清之學者多精言韵律雙聲罕究雖以顧炎武之好學不倦而稽古有餘審音或滯江永復過信字母奉若科律段孔以降含隱不言獨嘉定錢大昕蓽楣差次古今乃知舌上古歸舌頭輕脣古讀重脣扶服之爲匍匐伏犧之爲庖犧佛之如弼繁之如鼙敷之如布……古讀輕脣如重脣之證也中之如得竺之爲篤陳之如田姪之讀徒結切……古音舌上歸舌頭之證也然後宮商有準，

八風從律斯則清儒之治古音者定韵莫察乎孔廣森，審母莫辨乎錢大昕；而有開必

先，舍顧炎武莫屬；雖有損益百世可知也！近儒餘杭章炳麟太炎又以爲孔廣森知陰

陽聲相配之可以對轉而不知陰陽聲同列之亦可旁轉，錢大昕知古音之舌上歸舌

頭輕唇歸重唇，而不知古音舌上娘母半齒日母之並歸舌頭泥母；於是作成均圖以

推究孔氏未發之指作古音娘日二紐歸泥說古雙聲說以究明錢氏未盡之蘊具見

國故論衡亦可謂潛心古音獨闢新義者也。聲韵明而后言訓詁。

時有古今猶地有東西南北相隔遠則言語不通矣地遠則有翻譯時遠則有訓

詁。有翻譯則能使胡越如比鄰有訓詁則能使古今爲旦暮詁者謂古今之異言訓者謂

字有意義也訓詁之書莫古爾雅。大戴禮孔子三朝記稱孔子敎魯哀公學爾雅則爾

雅之來遠矣然不云爾雅爲誰作？據魏淸河張揖稚讓進廣雅表稱周公著爾雅一篇。

今俗所傳三卷或言仲尼所增？或言子夏所益？或言叔孫通所補或言沛郡梁文所考？

皆解家所說疑莫能明也。謂之爾雅者，爾近也正也正者，虞夏商周建都之地之正言

也近正者各國近於王都之正言也。語言因地域而殊文字又隨語言而異學者舉今

本

嗯

語以釋古語引方言以證雅言猶之殊語之互相翻譯。班固謂『古文應讀爾雅，故解古今語而可知』『子所雅言詩書執禮』雅言者誦詩讀書從周之正言不爲魯之方言。而執禮者詔相禮儀亦依雅言稱說而不爲俚俗也。小雅大雅者皆周詩之正言也。大戴禮小辨篇『爾雅以觀於古足以辨言。』故曰『爾雅者所以總絕代之離詞，

辨同實而殊號』者也几釋詁釋言釋訓釋親釋宮釋器釋樂釋天釋地釋丘釋山釋水釋草釋木釋蟲釋魚釋鳥釋獸釋畜十九篇。漢初，經始萌芽爾雅嘗立博士，故蜀郡，

揚雄子雲方言以爲孔子門徒解釋六藝會稽王充仲任論衡亦以爲五經之訓故然釋五經者不及十之三四今觀其文，有取山海經者有取穆天子傳者有取管子者有

取尸子者有取莊子列子者；有取國語者；有取楚辭者，大抵採周秦諸子傳記之名義訓詁以辨異同而廣見聞，寧祇爲解經作哉！以隸經部實爲不倫也是蓋古代訓詁學

之權與漢人解經書有大小夏侯解故詩有魯故齊后氏故齊孫氏故韓故毛詩故訓傳杜林有蒼頡故具載漢書藝文志今其書皆不傳惟揚雄之方言十三卷北海劉熙

成國之釋名八卷厥爲後來言訓詁者所宗焉然余考漢書藝文志及揚雄傳備載雄

之著書，不及方言一字；而許慎說文解字引說雄，皆不見於方言；其義訓用方言者，又

不言揚雄；至漢末應劭撰風俗通義序，始稱雄作，疑依托也。然據方語以釋雅言，正與

爾雅釋詁『釋古今異言通方俗殊語』之例相合。至劉熙釋名從音求義以同聲相

諧，推論稱名辨物之意，而去古未遠可以推見古音古器物之遺誠九流之津涉六藝

之鈐鍵學覽者之潭奧擒翰者之華苑也。魏明帝時，博士張揖繼兩漢經師之後，參考

往籍徧記所聞，凡萬七千三百二十六字，撰廣雅七卷；分別部居依乎爾雅凡所不載，

悉著於篇其自易書詩三禮三傳經師之訓，論語孟子鴻烈法言之注，楚辭漢賦之解，

讖諱之記倉頡訓纂滂喜方言說文之說，靡所不採然後周秦兩漢古義之傳於後者，

可據以證得失而其散逸不傳者亦藉以闚端緒曰廣雅所未及也斯蓋

并爾雅方言說名三書驂駕而駟矣！後之言訓詁者，胥崇爲不祧之祖焉。漢魏之世注

爾雅者十餘家可考見者，犍爲文學注二卷劉歆注三卷樊光注六卷李巡注三卷孫

炎注三卷五家而已。顧晉著作郎河東郭樸景純者獨以諸家紛謬多未詳備乃綴集

異聞薈萃舊說考方國之語采謠俗之志錯綜樊孫博關羣言事有隱滯援据徵之如

『逐幠大東』稱詩，『釗我周王』稱詩，所見尙多古本蓋去漢未遠也注多可據，

後人雖迭爲補正然宏綱大指終不出其範疇也自是璞注行而諸家悉廢其後宋翰

林侍講學士濟陰邢昺叔明于眞宗時奉敕爲璞注作疏多掇拾毛詩正義掩爲已說；

惟其引證尸子廣澤篇仁意篇則非今人所及覩；至犍爲文學樊光李巡之注見唐吳

縣陸元朗德明經典釋文者雖多所遺漏然疏家之體惟明本注注所未及例不旁搜

此不得以咎昺也！宋儒之治爾雅者不尠：神宗時有山陰陸佃農師者亦注爾雅書不

傳今傳者所撰埤雅二十卷中釋魚三卷釋獸三卷釋鳥四卷釋蟲二卷釋馬一卷釋

木二卷釋草四卷釋天二卷其釋諸物大抵略于形狀者詳于名義尋究偏旁比附形

聲務求其得名之所以然又推而通貫諸經曲證稽假物理以明其義其所援引多

今未見之書其推闡名理亦往往精鑿佃先以神宗召對言及物性因進說魚說木二

篇初名物性門類後註爾雅更撰此書易名埤雅言爲爾雅之輔也迫宋之南渡高宗

時有莆田鄭樵漁仲者撰爾雅注三卷爲世所重蓋南宋諸儒大抵崇義理而疏考證；

獨樵以博洽傲睨一時及其旣也乃肆作聰明詆諆毛鄭其詩辨妄一書開數百年杜

撰說經之捷徑，爲通儒之所深非！惟作是書，乃通其所可通，闕其所不可通；駁正舊文

諸條皆極精確干說爾雅家爲善本孝宗時有歙縣羅願存齋者撰爾雅翼三十二卷；

中分草木鳥獸蟲魚六類大致與陸佃埤雅相類；而引据精博體例謹嚴則遠在其上。

其音釋則元洪焱祖作也。焱祖字潛夫亦歙縣人。斯並于爾雅郭注邢疏之外叛獲新

解別自名家者也！元明之儒子訓詁學實疏故罕以訓詁成一家言者獨明宗室朱謀

埤𡙇儀者號博極羣書刺取古書文句典奧者撰騈雅七卷依爾雅體例分章訓釋自

釋詁釋訓以至蟲魚鳥獸凡二十篇務求博洽少泛濫矣然奇文辭字搜輯良多撝其

膏腴于詞章要不爲無補也嘗見貌爲漢魏文者取騈雅置案頭其簽曰代字術作

文畢則檢古字代入之一舉筆而文不懈入古矣！此實文家之詞書寧曰爾雅之支裔

哉！其說以爲聯二爲一騈異爲同故名曰騈雅云迨清興樸學既章古訓是式言精研

爾雅厥有餘姚邵晉涵二雲之爾雅正義二十卷休寧戴震東原之爾雅文字考十卷，

嘉定錢玷獻之之爾雅古義二卷爾雅釋地四篇注一卷樓霞郝懿行恂九之爾雅義

疏十九卷歸安嚴元昭九能之爾雅匡名十九卷仁和翟灝晴江之爾雅補郭二卷，臨

桂龍啓瑞翰臣之爾雅經注集證三卷，鹽城陳玉樹惕庵之爾雅釋例五卷，斯並補苴

前哲明發滯義闡郭注之未備糾邢疏之違悟而循文順理，張其幽眇，郝疏最優發凡

起例，觀其會通，陳釋尤勝若其究宣方言：有戴震之方言疏證十三卷乃依揚雄書而

爲之疏通證明者也。震又作轉語二十章其自述曰『人之語言萬變而聲氣之微有

自然之節限。是故六書依聲托事假借相禪其用至博操之至約。五方之言及小兒學

語未清者，展轉譌溷必各如其位。昔人既作爾雅方言釋名，余以爲猶闕一卷書剬爲

是篇用補其闕疑於義者以聲求之疑於聲者以義正之。』斯則曉音韻轉變之友紀，

而通方言之指歸者矣善哉！非耳順者孰能與於此乎轉語書佚不傳仁和杭世駿大

宗乃採十三經注疏說文釋名諸書以補揚雄方言之遺成續方言二卷前後類次，一

依爾雅蒐羅古義，亦稗訓詁然撮錄字書不麗今語而不知考方言者，在求其難通之

語筆札常文所不能悉因以察其聲音條貫上稽爾雅方言說文諸書斂然如析符之

復合斯爲貴也！嘉定錢大昕莘楗知古今方音不相遠及其作恆言錄沾沾獨取史傳

爲徵亡由闚見聲音文字之本柢而翟灝之爲通俗篇雖略及訓詁亦多本唐宋以後

傳記雜書，於古訓藐然亡麗間撮一二，亦涸不由析也。獨近儒餘杭章炳麟太炎能徵

漢魏之訓詁而通以戴君之轉語略籀今語得其觖理．撰新方言十一卷凡釋詞釋言．

釋親屬釋形體釋宮釋器釋天釋地釋植物釋動物而殿以音表得十一篇方俗異語，

撫拾略備以今音證古音參伍考驗經之對轉迤轉緯之正紐旁紐以窮聲轉之原蓋

有誦讀占畢之聲既用唐韵俗語猶不違古音者；有通語既用今音一鄉一州猶不違

唐韵者；有數字同從一聲；唐韵之已來一字轉變餘字則猶在本部，而俗語或從之俱變

者；雖日不暇給慮有遺剩剢始之業規模已閎所謂知化窮冥無得而稱者也其他治

釋名之學者則有吳縣江聲艮庭之譔釋名證續釋名焉治廣雅之學者則有高郵

王念孫懷祖之譔廣雅疏證焉惟廣雅疏證二十三卷其第十卷為念孫子引之伯申

所補父子相嬗以成一家之言尤為殫精竭慮念孫謂『訓詁之旨本於聲音故有聲

同字異聲近義同雖或類聚羣分實亦同調共貫』因暢斯旨撰廣雅疏證一書不限

形體就古音以求古義引伸觸類擴充於爾雅說文之外無所不達然聲音文字部分

之嚴則一絲不亂其或張揖誤採博考以證其失先儒誤說參酌而竄其非蓋念孫藉

張揖之書以抒獨得，實多揖所不及知者！念孫既持『詁訓本於聲音』之論，以詔其子

引之曰：「字之聲同聲近者，經傳往往假借，學者以聲求義破其假借之字而論本字，

則渙然冰釋。如因假借之字而強為之解，則結鞫為病矣！故毛公詩傳多易假借之字

而訓以本字，已開改讀之先。至康成箋詩注禮屢云『某讀為某』而假借之例大明。

後人或病康成破字者，不知古字之多假借也。」又曰：「說經者期得經意而已。前人

傳注，不皆合於經則擇其合者從之；其不合者，則以己意逆經意，而參之他經以成

訓，雖別為之說亦無不可。必專守一家，則為何劭公之墨守而已。」故其治經也諸說

並列，則求其是。字有段借則改其讀，蓋熟於漢學門戶而不囿於漢學之藩籬也。引之

推廣庭訓，遂成經義述聞十五卷，經傳釋詞十卷，精博無比。而經傳釋詞之作則尤往

古經師之所未曾有，蓋經傳中實字易訓，虛詞難釋。顏氏家訓雖有音辭篇，於古訓罕

有發明。爾雅說文二書解說古聖賢經傳之詞氣，最為近古。然說文惟解於『方』『

曰』，諸特造之字而不解『而』『雖』等假借之字。爾雅所釋未全讀者，多誤毛鄭

不免，何況其餘！念孫貫通經訓，尤明詞氣；而引之克世其學，於前人之誤解者獨能旁

引曲喻以得本恉所在;使人頤解心折,歎爲確不可易,而又百思不能到,使古聖賢復生見之亦必曰『吾言固如是,沿誤數千年,而今乃得明矣!』此誠不可不開之奧窔!

儀徵阮元芸臺讀其書謂『恨不能起毛鄭孔諸儒而共證此快論』者也。阮元早歲與邵晉涵王念孫友,逮聞前訓,徵引羣書譔經籍纂詁百六十卷集古今詁訓之大成。

錢大昕序其書曰:『有文字而後有訓詁。有訓詁而後有義理,訓詁者義理所由出,非別有義理出於詁訓之外者也。』旨哉言乎篦小學志第七。

鷹南書局

中華語文叢書

經學通志

作　　者／錢基博　著
主　　編／劉郁君
美術編輯／鍾　玟

出 版 者／中華書局
發 行 人／張敏君
行銷經理／王新君
地　　址／11494 台北市內湖區舊宗路二段181巷8號5樓
客服專線／02-8797-8396　　傳　真／02-8797-8909
網　　址／www.chunghwabook.com.tw
匯款帳號／兆豐國際商業銀行　東內湖分行
　　　　　067-09-036932　中華書局股份有限公司

法律顧問／安侯法律事務所
印刷公司／維中科技有限公司　海瑞印刷品有限公司
出版日期／2017年9月台四版
版本備註／據1978年9月台三版復刻重製
定　　價／NTD 450

國家圖書館出版品預行編目（CIP）資料

經學通志 / 錢基博著. ─ 台四版.─ 臺北市：
中華書局，2017.09
　　面 ； 公分. ─（中華語文叢書）
　　ISBN 978-986-94909-4-8(平裝)

　　1.經學史

090.9　　　　　　　　　　　　　　106013123